你會用
最好的自己，
去迎接
最好的幸福。

角子・著

我，愛，你

我愛你，如此美好的三個字。

你聽過這三個字，你還記得他第一次跟你說「我愛你」的樣子，你覺得感動，你把它當成承諾，你願意就這樣跟他走一輩子。

你從沒想過，「我愛你」後來也成為那份感情裡最諷刺的詞，他真的沒有做到，他把你一個人留在這裡。

這一路，你沒有辜負過這份感情，你的眼底只有他，你眼中的「我愛『你』」重點一直都只是三個字裡最後的那個「你」。

從剛開始在內心揣測的「『你』會喜歡我嗎？」「我要怎麼做，才會讓『你』更愛我？」，到後來委屈求全的「我該做什麼，才能挽回『你』？」，甚至最後當對方都已經離開，你都還在苦苦思考著「為什麼『你』後來會那樣？」「為什麼『你』還要跟我聯絡」……你全心地在乎著對方，唯一忘記在乎的是，最重要的自己。

所以最後你才會不只失去他，還失去自己；才會不只失去愛，還失去對愛的相信。

在這條尋找幸福的路上，我們又是迷惘了多久、迷路了多少次，才突然發現，原來是我們一直錯放了重點，既然是「我，愛，

你」，那正確的思考順序就應該是「我」、「愛」、「你」：

「我」想成為什麼樣的人？
所以，我想要什麼樣的「愛」？
所以，我需要什麼樣的「你」？

因為這是你只有一次的人生，因為你才是自己的人生裡最重要的人，所以一切的標準當然都要從「我」開始，先確定自己想要的人生，才會知道自己真正需要的「愛」，也才知道什麼樣的人，才是真正適合「你」的。

因為沒有人會一開始就知道答案，就清楚自己想去的方向，所以愛才會讓我們挫折，那些挫折的目的並不是為了擊垮我們，而是要讓我們在每一次的挫折裡，再次回到「我」去沉澱、去思考，更確定，自己想成為的樣子。

這本書的五個章節，四十六篇文章，就是一趟我想邀請你重新認識「我愛你」的旅程。

讓我們從爬梳此刻的傷心開始，重新回到內心的平靜。然後，再一起從「我」出發，去定義「愛」，然後再去尋找那個對的人。

書裡收錄的幾個真實故事：小螃蟹、小獅爸爸、Emily、飛

輪女孩，他們都是我認識多年的讀者，我目睹過他們當時的傷心，也見證過他們後來的努力走過，不只走過，還如此精采，他們不只讓傷痕癒合成傷疤，後來還在傷疤上開出了生命最美的花。

在這本書裡，在那些字裡行間裡，我留了許多座位，不用對號，也不只限於一個地方，你只要找到自己想待的角落，就可以選一個最安心的姿勢坐下來。

如果後來你流淚了，那不是因為悲傷，而是因為被理解了；如果後來你微笑了，那是因為你終於明白，你真的值得一份最好的愛。

你也許會再失去一個人，可是你再也不會弄丟自己，因為你已經知道，自己真正該去的方向；你也許會再失去一份愛，可是你再也不會失去對愛的相信，因為你知道錯的一直都是人，而不是愛。

你會越來越清楚自己，朝向自己想去的方向，每一步，就算再小，都覺得踏實，那個踏實的感覺，就叫做「幸福」。
你一直都在成為更好的自己，你一直都走在幸福的路上，一個人、兩個人，你都是幸福的。

「你會用最好的自己，去迎接最好的幸福」──這篇我放在上

一本書《你會坦然面對，每一場告別》的最後一篇的文章，是我預留的一個伏筆，是我當時暗自跟你的約定。

而我現在終於可以公開，它就是這本書的書名，就是在我們一起完成了那場告別之後，我想要跟你一起起身迎接的，最好的你跟幸福。

在出發前，請記得我們約定好的密碼：我，愛，你。

它是前往幸福的三個通關密碼。

它是你這一生，永遠要優先說給自己的話。

它是你對自己永遠不變的承諾。

我們幸福見。

目錄

第一章

第二章

第三章

第四章

最好的自己

第五章

第 1 章

經　過

所有的經過
都是為了
遇見更好的自己

所有的經過

都是為了

遇見更好的自己

這條走出來的路再長，
將來放到人生裡，也只會是小小的一段。
此刻的辛苦，
將來也一定會有更好的學會，
會重新詮釋與說明。

你會走完這段路，你會勇敢面對傷心。
你會讓自己在多年後想起這一段，
不是只有後悔，還有更多的驕傲。

你不會責備自己，那就是愛的代價，
是所有追求幸福的人，都要走過的路。

所有的蜿蜒，都是你對愛的證明。
所有的經過，都是為了遇見更好的自己。

你不是正在走出來，
你是更清楚了該去的方向。
你不是正在離開傷心，
你是正要去看見真的幸福。

Vol.1

一個不能給你幸福的人，
研究他要做什麼？

　　「角子，我該怎麼挽回他呢？」「角子，為什麼他又回來看我的限時動態？」「角子，為什麼他那麼快就又可以跟別人在一起？」……每當我打開臉書、IG 的訊息匣，總有許多來自四面八方的問號在裡面閃動著。

　　每個問號，都有一個傷心的主人，他們不是只有傷心而已，他們還傷腦，因為他們不懂，為什麼那個離開的人要這麼做？

　　那是你一個人的傷心路程，以為自己好似比較平靜了，卻還是會在一陣突如其來的情緒浪潮裡，又脆弱了、動搖了，又開始自問自答了：

　　「有沒有可能，他只是一時意氣用事，正在等我挽回？」「會不會，他也開始有一點點後悔？」「他真的愛過我嗎？如果他當時對我的愛是真的，為什麼他現在可以那麼快就又愛上別人」……

那些問題，像細胞一樣不斷地在你的腦內增生，你給過自己各式各樣的答案，卻沒有一個是確定的，沒有一個是有真的證據的。

你唯一親眼見過的證據，是他的「無情」。

是曾經說過愛你，後來也可以無情地像陌生人那樣走開；是不曾對自己的無情歉疚，所以才能做到若無其事地回頭。他最無情的，並不是對你，而是對待「愛情」，原來他眼中的「愛情」，本來就可以呼之即來、揮之即去，所以當他不想要了，他就丟掉；當他需要的時候，也可以信手拾起，而他撿起的東西，不必僅限於你。

那不是你陌生的場景，你去過那樣的地方，到過那個只能等待的寂寞世界；他不是你剛認識的人，你從一開始的快樂，到後來也見識了他的自私與不在乎；那更不是你沒有努力過的愛情，你是真的好盡力，最後卻還是被丟下了。那些此刻還一直在困擾著你的疑問，不管後來還可以再衍生出多少種問題，答案都只有一種：就是他絕對不會是你的幸福。

真正讓你傷心和遺憾的，並不是失去他，而是失去幸福，所以才更應該要努力去追求真的幸福；你的目標應該是幸福，而不是他，所以才更不要把時間再繼續耗費在這裡。

這世界最浪費時間的事情，就是一直在重複思考，那個離開的人，究竟在想什麼？

「一個不能給你幸福的人，研究他要做什麼?!」這便是我回覆這些問題的唯一回答。不會有別的選項，不會有別的可能，比起你真正值得的幸福，那些早就幻滅的曾經，真的太微不足道。

在前進的路上，誰不是帶著懷疑?! 沒有人可以給你保證，真正的幸福會在前方的哪裡，又會在何時到來？但我絕對可以作證，那些後來終於找到幸福的人，是因為他們從來沒有放棄過自己值得幸福的權利。

你會繼續努力向前，你會為自己盡力。不再跟他有任何聯繫，就是你接下來最大步的前進。

他只是一段路程，
並不是你的人生

並不是所有的陪伴，都叫做「愛」。
他們也可能是因為寂寞。
也不是所有的離開，都是心存惡意。
因為他們也有想要的幸福，可以去爭取。

旅程中本來就充滿際遇。
重點是別讓那些際遇，
混亂了自己真正要去的地方。
你要去的地方，叫做「幸福」。

感謝那些分享，謝謝那場際遇。
不同路的人，本來就不會一起走太久。
別高估他的重要，別低估自己的可能。
他只是一段路程，並不是你的人生。

一個人的不捨，
都只是過去的回憶。
要兩個人都會捨不得的感情，
才是真的「幸福」。

對的人，就會很順

「早安。」美君剛打開公司的電腦，就看到偉文給她傳來的訊息，跟連在後面的一個笑臉的符號。

她還在生氣，但好像也沒那麼氣，這是一段很微妙的感情，又或者真的感情就應該是這樣的，他們會吵架，可是他們不會分開；他們會在吵完架的時候很生氣，而且真的是快氣瘋了，但只要一覺醒來，好奇怪，原本滿肚子的火，就跟屁一樣消失了！

她沒跟偉文說過，她從前過過的苦日子，那種在一份感情裡動輒得咎、無處使力的日子，美君深愛過那個人，會這麼愛的一定是第一眼就很喜歡的，他們過過一段好日子，好到讓美君以為他們就會那樣甜蜜地過一輩子，直到他們開始在生活裡有一些摩擦。

那些摩擦，美君把它歸類成「磨合」──她以為所謂的「磨

合」，就是彼此協調跟適應的過程。她願意為了目標而努力，可是她發現自己不只流汗，還會流淚；不是只有努力，還會越努力越傷心，而讓她最傷心的是，她不知道自己究竟努力的目標是什麼?!

在那些雞同鴨講的爭論裡，對方的憤怒跟堅持，會讓美君從起初的無法理解，到開始懷疑自己是不是真的做錯了？那就是在感情裡會「捨不得」的那一方，最後都會走上的那條路，你只能不斷地揣測他的心意和懷疑自己，懷疑自己不懂事、不夠獨立，甚至在後來一個人走出來的路上，不只傷心，還要懷疑自己是不是真的對愛情的要求太多？

她是直到後來遇見偉文，才發現原來愛是如此自然而然的事。你不是只能付出，也可以要求。不是只能配合，也可以好好協調。因為想要，所以沒有誰會是誰的負擔；因為在乎，所以總是會協調出最後的結論。這些她在後來覺得順理成章的事情，在當時卻是如此困難而複雜。

美君可以怪自己傻，傻在太珍惜那段美好的過去，她現在懂了，如果在那份關係裡，只有你一個人在珍惜，那就代表那段美好對對方來說，其實也只是一段發生而已；美君也可以怪他耽誤她，如果他的心早就已經離開，那他就不應該再讓她苦等。

又或許，真正耽誤我們的人，一直都只有我們自己。愛的答案，經常一開始就很清楚。當我們看出彼此的不適合，那就是不適合；當我們看出對方的不在意，那就不要再幫他找理由。

　　那就是美君接下來一整天的心情，她開始回偉文訊息，她有時候還帶著氣，有時候也會忍不住對著偉文的回答笑出來；這也是美君跟偉文這一路走過來的心情，他們不是只能一起吃甜，他們還能夠一起吃苦，又或者應該這麼說，真的愛，就是不管一起吃苦或吃甜，我們都不想離開。

　　下班了，美君很快地下樓，她在電梯裡想過要怎麼面對偉文，昨天兩個人吵得那麼兇，等下見面會不會有點尷尬？她走出大門，看見偉文的摩托車停在門口，她接過偉文遞給她的安全帽，那是她的專屬，她坐上車，本來還想撐一下什麼的，偉文把她的手拉過來圈住自己的腰，美君一下子把他抱得緊緊的，偉文也是她的專屬，無庸置疑，毋須討論，一切就是那麼自然而然，那就是愛，那就是愛永遠不變的真理：

　　對的人，就會很順。

他只是「喜歡」你，
而不是真的「愛」你

「喜歡」是剛開始的想像；「愛」是相處後的積累。
「喜歡」是只要快樂；「愛」是願意為那份快樂負責。

只是喜歡你的人，會因為突然不喜歡而離開。
愛你的人，會珍惜那些積累，而跟你一起努力。
只是喜歡你的人，會因為壓力而離開。
愛你的人，會跟你一起成長和堅強。

讓短暫的喜歡，自然地離開。
讓時間幫你驗證過的愛留下來。

他只是喜歡你，而不是真的愛你。
有多少人說的「愛」，其實只是「喜歡」。
有多少說「喜歡」你的人，其實根本無法給你「愛」。

Vol.5

亂七八糟開始的，
經常也會亂七八糟結束

「角子，我跟他是在交友網站認識的，我們很快就決定在一起，交往的三個月，就像一場夢，一切都進展得很順利。在一次吵架後，他突然封鎖我，再也不跟我聯絡了。這兩週我每天哭，我不知道該怎麼辦，我真的走不出來⋯⋯」

你也像這位來信的讀者一樣，還在一場美夢裡無法醒來嗎？

會像一場夢，是因為一切都很美好。他很好，對你溫柔又體貼。你們一見如故，什麼話題都可以聊，在那些愉悅又深刻的對話裡，什麼事情也都可以發生。你們沒有浪費時間，用油門踩到底的速度，展開了一場高速的愛情。

然而，對於這場浪漫，你也不是全無警覺，你擔心過受傷、擔心過對方的動機，可是就像在夢境裡的我們一樣，我們會害怕，可是潛意識也經常在說服著自己：「是你想太多了吧?!」「你

看吧！真的不是你擔心的那樣啊！」……那些正反的聲音不斷地在你心底拉扯著，有一天就像一個旋鈕突然切入了「相信」的模式，你決定要相信他，決定要相信自己就是一個這麼幸運的人。然後，就像賽車的一個緊急甩尾，你被摔出車外，他繼續疾行，留下在路面上錯愕的你……

也許傷心總有一天會好，眼淚也終會有停止的時候，可是你被他徹底摔碎的是「相信」，你不再相信自己的相信，不再相信這個世界會有人值得相信。

這應該也是許多被驟然留下的人共同的心情吧！「沒有任何跡象與徵兆」這是我們經常對於那個離開的人的形容，可能他真的是一個閃電俠，也可能是我們故意不看見那些跡象，但最有可能的是，我們根本沒有時間去發現那些跡象與徵兆。

因為我們以為只要完成那些行為就是達陣，只要蒐集那些達陣就足以成立相信，於是自以為不落俗套的我們，用彷彿穿越劇的速度達陣了那些身分，聊幾句便是朋友，牽了手便是情人，一起睡了一覺起來便成了老公與老婆。

那些讓你當成足以「相信」的證據的，是他說過的幾句話、是他做過的幾件事，直到現在回想起來，都還讓你回味與感動，可惜的是，那也就是那場旅程裡你唯幾去過的景點；可惜的是，

景點可以選擇用最快速的交通方式到達，可是幸福卻不可以。

因為幸福是「生活」，是兩個人一起慢慢走過的風景。是非得在那些按部就班的過程裡，才能看出彼此的細節，而魔鬼跟幸福，都一樣存在於細節裡。

因為幸福是「尊重」，是他必須從尊重你的身體出發，然後在過程裡也尊重你的看法，你從來都不必用你的身體去證明愛，需要你用什麼去交換的，都不會是真的珍惜。

因為幸福依靠的從來都不是「相信」，不是因為他做過什麼，於是你便從此相信；幸福是兩個人的「一起走過」，是這一路兩個人的且走且珍惜。一路浪漫疾行的人經常會突然甩尾丟下你，可是能夠跟你一起走過生活的人，卻會跟你越來越緊密。那就是只有時間才能為你們繫上的親密連結，只有歲月才能夠為你們織上的安全帶。

慢慢走，才會到，才是通往幸福的正道。

是的，那是一個美得如一場夢的愛情，而能夠讓我們從夢境裡醒來最好的方法，就是一個最直白的說法：

亂七八糟開始的，經常也會亂七八糟結束。

對的人，就會留下來，
跟你一起面對問題

你一直在思考他退縮的原因，
你希望能夠幫助他，勇敢地承擔這份感情。

遇見一個不願意對感情負責的人，
你應該負責地帶自己前進，
而不是繼續留下來教會他勇敢。
不想愛你的人，
你為什麼還要跟他一起面對他的人生？

你要找的是幸福，而不是他。
為什麼非他不可？
是忘記了世界還有更多的可能，
還是不相信自己可以擁有真正的幸福？

自己的人生，自己負責。

在愛情中先了解自己，遠比研究對方重要。

想走的人，不值得研究。

對的人，就會留下來，跟你一起面對問題。

你不是正在選擇一個人，
你是正在選擇一種人生

「角子，在努力了那麼久之後，今天我們終於還是分手了，我好害怕，要再次走上那條辛苦漫長的癒合之路……」

我看著這位讀者發來臉書的訊息，那是每個用情至深的人，都曾經走過的路。我們害怕前方，那些正在等著我們的寂寞和傷心……害怕到都忘記了，那其實是你在那份感情裡，早就已經走過的路。

你在那份感情裡的寂寞，絕對不是才要開始而已，你們已經很久無法溝通，於是捨不得離開的你，最後只能在他的世界裡，做一個遵守他的規則的人，而你的配合唯一能夠得到的獎勵，就是寂寞而已。

你在這條路上的傷心，也並非從分手後才開始感受，那是你經常一個人心酸的時刻，每一次當你又找到一個包容他的理由，

就是你又欺騙了自己的時候。你騙不了自己太久的，下一次當他又肆無忌憚地傷害你，就是你在更深的傷心裡再次真相大白的時候。

也許是因為你本來就是一個凡事都願意努力的人，你也的確因為努力，在人生裡完成了許多目標。後來你才發現，你也許可以極盡努力地留在一個人身邊，卻絕對無法靠努力，把寂寞變成幸福。

也可能是因為你見過許多彼此包容的幸福伴侶，於是你努力包容了他的一切，只是後來你也逐漸明白，原來包容的範圍，不應該包含「不被在乎」。

跟那些你曾經羨慕過的戀人們截然不同，你們不是正在一起攜手走過生命的風雨；你們是連「在一起」這麼基本的事情，都可以搞得風風雨雨。跟那些總是可以雨過天青的伴侶們更不相似，他們的和好是因為心裡有共同的路想一起走；而你們的暫時和平，卻經常只是因為你單方的退讓而已。

那是你早就走過的路，那是你早就嘗過的苦，你原本只是愛上了一個讓你痛苦的人，可是你現在竟然還想努力把他變成你接下來的人生。

你不是正在選擇一個人，你是正在選擇一種人生。你不是只有任性地愛著一個人，你是正在帶著自己走進一個地獄人生。

　　你應該執著的並不是哪一個人，而是你真正想要的幸福人生。讓每一個經過的人，更豐富你的人生。讓每一段讓你學會的感情，成為你最後找到幸福的過程。

　　放手，讓一個不懂得珍惜你的人離開，並不是失去，而是堅持你應該得到的；回到一個人，拿回你人生的自主權，並不是孤單，而是代表你又可以重新幸福。

　　「角子，我好害怕，要再次走上那條辛苦漫長的癒合之路……」是的，前方一定還有脆弱在等待著你，但那跟你從前嘗過的寂寞跟傷心一定完全不同，你沒有繼續盤桓在那場不幸福，繼續被那場永無止盡的傷心消耗，你是正在褪去傷心的外殼，就要破繭而出、飛向幸福的彩蝶。

你不是捨不得他，
你捨不得的，
是那份曾經刻骨銘心的心意

當一份感情再也沒有接下來，
這份感情就是你一個人的事情了。
不奢望再去影響他，就是你善待自己，最好的方式。

一個人慢慢走，慢慢安頓好自己。
一個人，慢慢地想通。
你不是捨不得他，
你捨不得的，是那份感情，
是那份曾經刻骨銘心的心意。

你已經找到收藏那份感情的方式。
你已經漸漸看清楚那個人。
會捨得離開的人，
都只是愛的煙火，而不是你幸福的星辰。

你依然保有那份心意，
要留給將來那個也會捨不得你的人。
你知道傷心只是幸福的路程，
你的努力和相信，就是為你指路的星辰。

一起，
才是幸福最重要的「人格特質」

「角子，在依附理論裡，我是『焦慮依附型』的，我的男朋友應該是『逃避依附型』的，他總是逃避溝通，說我想太多。最近還說這份感情壓力很大，想要一個人，我該怎麼辦？該怎麼繼續維持這份感情？」

好像都是這樣的，在感情世界裡，當我們在現實卡關的時候，我們便開始研究對方的「人格特質」，從早期的血型、星座，到後來的依附理論、十六種人格類型、人類圖……網路上林林總總的分析跟介紹，你在那些描述的現象裡對照著他的狀況，有些很像、有些又好像不是，你有時候覺得好像找到努力的方向，有時候又會覺得茫然，再度跌回到那份關係的無力感。

是的，無力感，那正是對那份感情簡單卻深刻的描述。你努力研究他，嘗試過各種學說的建議，你在每一次操作前都滿懷著希望，卻在最後希望落空的無力感裡，感受到同樣的孤寂。

因為那一直只是你單方的探索，他並沒有邀請你進入他的內心；那一直只是你單方的努力，他並沒有想要參與你的人生。也許那些學說在開宗明義前，都應該再提醒很容易為愛執著的我們一句：是的，這些分析會讓你更了解他，但真正的關鍵是「一起」。

　　要兩個想「一起」努力的人，才能一起面對、一起調整，關係才會真的一起前進。否則，再多關於對方的研究，都只是你單方面的內心戲而已。

　　我遇見過太多的例子，見過太多傷心的來信，我沒有說，我不忍心說，那個只想要快樂的、只想享受你對他的好的人，根本連真情都還沒有動用，關那些「人格特質」什麼事呢？！

　　研究對方再多的人格特質，也無法改變一個不想跟你一起的人。你要找的是那個真心想跟你「一起」的人。於是兩個想在一起的人，才會針對那些學說跟分析，願意開誠布公去面對、討論、調整接下來的做法，理由是想在一起，過程是努力一起，目標是繼續在一起。

　　那些你在一個人對他的研究裡，好像找到的理由，其實經常更像又找到說服自己留下來的藉口。他的自我、不在乎與不想珍惜，也許他不是只有不適合你而已，他是連愛都不適合。至於他為什麼會這樣，與你無關，你也不想再耗費精神去研究，這世上

的人起碼千百種，你不想遇見一個就研究一個。

在那些人格特質的分析裡，我們更應該研究的是自己，因為自己才是最能夠調整自己的人。為什麼我總是遇見同樣的人？為什麼我總是遇見同樣的問題？我該如何調整自己，才可以讓自己在幸福的路上，少吃一點苦？那才是你真正應該為幸福而做的努力跟準備。

你還是會繼續研究那些學說，讓它們成為你對自己的追求與探索，有朝一日，也能夠成為你跟他經營幸福的憑藉。你知道那些學說都有它們對人格分析的各自擅場，但是你更明白，幸福絕不是一個人的苦苦追求，而是兩個人的雙向奔赴。

一起，才是幸福最重要的「人格特質」。

你不再為難自己了

相遇的緣分也許珍貴，
但緣分不會讓你幸福；
是那顆想一起努力的心，
才會真的讓你幸福。

你不想再耗費時間，
去分辨那些是真實還是謊言。
已經離開的人，就應該讓他慢慢走遠。

你不再為難自己了。
每一場執著，都有它當時成立的理由。
每一段癡迷，都是我們對愛的真情以對。
你尊重他的決定，但你更尊重自己的珍貴。
不懂得珍惜你的人，不值得你用真心相陪。

你會把自己交還給自己，
你會帶自己走出這場傷心。
因為這是你的人生，這也是你正在耕耘的過程。
前方還有更多美好的可能，正在等待你去看見。

飛 輪 女 孩

「角子，我是馬來西亞的讀者，你的文字很有溫度，在感情最難受的那刻，我在 IG 看見了你的文字，你就像大哥哥一樣跟我們分享人生……」

三年前的聖誕節前夕，我收到了 Carmen 的第一封信。

我不知道你有沒有過類似的感覺，就是你會覺得跟某個人好像有些緣分，我當時在讀著她幾千字的長信的時候，應該就是有這種感覺吧！

Carmen 是一個喜歡女生的女孩，吃素十幾年了，我感覺得出來她是一個善良的人。她的工作是飛輪教練，她從前上師資班、拿證照都是專程飛來臺北完成的，她因此而喜歡上臺灣。

她喜歡的，還有馬來西亞的一個女孩 Lucy，是她帶 Carmen 走上飛輪教練之路。起初 Carmen 只是加入健身房運動，然後開始接觸到飛輪，到後來只上 Lucy 的課，最後她們變成很好的朋友。她鼓勵 Carmen，像她一樣成為專任教練，她開始把 Carmen 拉到她身邊一起上課，有時候甚至也會讓她帶著大家騎完一首歌。Carmen 沒有讓她失望，她努力進修，最後還飛到臺北來取得了飛輪教練的資格，成為了一名專業教練。

那是他們亦師亦友的一段時光，Carmen 一直用感激師父的心意對待她；同時在友情的身分裡滋長著愛意。直到有一天，她們一起工作的健身房，宣布要關閉了，Carmen 發現她們再也無法每天見面，於是她決定要轉換身分，她跟她表白，她答應了，她們的身分就從朋友轉變成情人了。

也許是因為她知道 Lucy 前陣子才跟男朋友分手，剛走出情傷；也許是因為 Carmen 是一個重承諾的人，她覺得兩個人既然決定要在一起，就應該好好地守護對方。所以 Carmen 不僅很寵她，也努力替工作不順的她尋找機會。Carmen 教學認真，學生的口碑很好，她總是對來邀請她去上課的健身房說：「也幫我師父開堂課吧！她是我師父，一定比我厲害！」

Carmen 不只努力推銷 Lucy，她還幫她代課，因為 Lucy 還有另外一份物產銷售員的工作，週六經常要上班，她為了幫 Lucy 留住那份收入，每個週六就在那個健身房連續教兩堂課，

教完她自己的、再接著代她的課，然後在代完課後，簽上 Lucy 的名字，這樣健身房就還是會把薪水匯到 Lucy 的銀行帳戶。

Carmen 心甘情願，她想為她做的事情還有好多好多，Lucy 接受她對她的好，一切都如此自然而然，所以那天 Carmen 也只是隨口問問：「妳現在應該沒有男朋友吧？」然後在接下來 Lucy 的沉默裡，她突然意識到，自己想守護的那個世界崩塌了！

Lucy 跟她承認她有，而且他們兩人對 Lucy 告白的時間還差不多，嚴格來說，她答應那個男生的追求還比 Carmen 早了幾天。原來她一直腳踏兩條船，那不是 Carmen 的邏輯可以理解的事情，Carmen 應該要離開，但是她已經捨不得，已經來不及了！

Lucy 說會好好處理跟男友的關係，Carmen 以為那是結論，卻其實是接下來三年等待的開始；Carmen 以為做選擇的人是 Lucy，卻其實是自己選擇了接下來的痛苦。

Lucy 從來都沒有處理她跟男友的感情，一如她也沒有阻止 Carmen 對她好。Carmen 想過那是不是就是同性戀、異性戀跟雙性戀的差別，前兩者如果在關係裡愛上別人，絕對就是錯的；可是雙性戀，卻可以表現出那麼猶豫、為難，而且沒有罪惡感。

也許那也是一個同性戀者愛上雙性戀者的悲哀，因為她的對手是一個男性，如果她想贏，那她就要對 Lucy 更溫柔；另一方面，她還要比那個男的更強壯，更值得 Lucy 依靠。她要證明，自己才是 Lucy 最棒的選擇。

　　Carmen 沒有要強求，她害怕會把她逼走，於是她只能成為一個守護者，她帶 Lucy 去超市買東西、幫她代課、推薦她給健身房，當 Lucy 說想去哪裡走走的時候，她就趕緊去買機票、訂飯店跟規劃行程。每當她在超市為 Lucy 付帳單，在擔心 Lucy 收入不夠的時候，她都會想，那個男人在做什麼?! 這個想法讓她驕傲，因為她真的可以做到好好照顧 Lucy；然而，那個男人明明沒有照顧她，可是為什麼她還是那麼愛他呢？每當 Carmen 這麼想的時候，她又會瞬間感到脆弱。

　　她真的不懂，如果一個人後來還會選擇第二個，那她的內心一定是比較喜歡第二個的，對不對？可是為什麼她又一直沒有離開，那個她覺得不夠好的第一個呢？

　　也許，那就是每一個為愛奉獻的人，都經常忘記想到的，我們總是用自己的邏輯去設想對方，卻忘記了，對方不是我們，不是我們以為愛就是憑著良心，有些人的愛是無心，最可怕的愛是貪心，是他會接受你的好，可是當你開始逼他做出選擇的時候，他卻完全不考慮要選你。

最讓 Carmen 傷心的一次，是她們一起計畫好了要去澳洲的伯斯，Lucy 已經改了兩次時間，每次改機票都要多花錢，直到出發前，Lucy 竟然臨時要她找別人去，那次 Carmen 忍不住對她發了脾氣，那趟旅行是她要送給 Lucy 的生日禮物，她明明知道，卻還是那麼輕易就不要了，她不知道飛機票已經不能再改了嗎?! 還是她只是再一次，又成功地壓低了 Carmen 的底線?!

　　這不是一段日子而已，這是 Carmen 一直守護著她的三年時光。你可以說她蠢，說她活該，但請不要懷疑她的傷心，那就是當你很害怕會失去一個人，一定會先失去自己；那就是當你想強留一個人，最後往往也只能留住自己而已。她不知道自己為什麼會變成這樣？她最不明白的是，為什麼後來她竟然允許 Lucy 可以對她這樣。

　　那是 Lucy 發明的「體重懲罰法」，後來，只要 Carmen 又跟她提「離開男朋友」這個話題，她就會關掉所有 Carmen 可以聯繫她的通訊軟體和社群管道，除非 Carmen 可以加重到她要求的體重，她才會再打開他們的聯繫管道。

　　如果你真的憐惜過一個人，就不可能想出這麼惡毒的懲罰。對一個吃素、運動量又那麼大的人來說，要增加體重是非常困難的。又或者說 Lucy 是根本就不在乎，一個需要健康體態才足以展現專業跟勝任教學的飛輪教練，要在短時間內胖起來，對事業

跟身體會產生多麼大的傷害！

可是 Carmen 竟然就真的照做了，她像一個垃圾桶，把一堆垃圾食物往嘴巴裡塞，一路從五十五公斤胖到六十九公斤。但那從來都沒有證明什麼，在一個不珍惜的人眼中，你做得再多都不會有任何價值，直到那天她聽到 Lucy 說出那個數字：「八十五公斤！」Carmen 詫異地睜大眼睛，那聽起來就像是永不再見的意思。

幾個星期後，Carmen 在 Lucy 面前站上磅秤，Lucy 狐疑地看了一下磅秤，連她都不相信 Carmen 有可能可以胖到這個數字。「我覺得妳的秤有問題，我下次帶我的秤來！」她說，然後突然發現 Carmen 走路的姿勢怪怪的，她馬上掀起她的褲腳，發現 Carmen 偷偷綁在雙腳上的鉛塊。

「Bullshit ！妳這個騙子，妳給我滾！」Lucy 用了一連串的髒話罵她。

是的，在那一刻 Carmen 真的是一個騙子，那是這三年來她第一次騙她，而 Carmen 騙她的原因，是因為她離不開她。

那也是 Lucy 這三年來終於找到一個叫她滾的理由，這不公平，Carmen 只騙她這一次，而 Lucy 是整整騙了她三年。她連

最後請男朋友打電話來羞辱她，都是欺騙，不然她男朋友不會那麼理直氣壯地在電話裡說：「請妳不要再騷擾她，死變態，有病直接去看醫生。」

就彷彿，從頭到尾她們都不曾愛過，那些說好和曾經，都是她幻想出來的。

「角子哥，這不是一封我在剛分手時給你寫的信，這是我在努力離開她的一年之後，才想跟你做的回報，終於我把你在直播裡說的話都聽進去了，是我把愛情想得太難，以為就是要做到那些才叫做愛；其實愛情很簡單，愛你的人就是會捨不得你吃苦。」她在來信裡寫著。

那也不是她突然的明白，那是她花了一整年用飛輪走過的傷心，後來，她把所有的時間都用飛輪課填滿了，她在飛輪上揮汗著、帶著學員們一起吶喊著，沒有人知道，連她自己都分不清楚，那究竟是淚水還是汗水？那是她正在鼓舞著他們，還是自己……

這個飛輪女孩的故事，應該在這裡結束了。三年前，當我收到這封信的時候，也沒有想過要將它們寫出來。

「角子哥，你還記得我嗎？我是 Carmen，我真的要飛去臺北請你喝咖啡了……」Carmen 在跟我往來的第三十一封信裡跟

我說，疫情終於平緩，國界打開了，她真的要實現那個當時她答應自己的夢想了。

這次她不是只有再回來臺北而已，她還參加了一個自行車的環島團，九天要完成九百公里騎行的挑戰。

「我們不喝咖啡，我請妳吃飯。」我在回信裡說。

那個晚上，我們約在臺北的茶街餐廳，她吃素、我吃葷，雖然是第一次見面，卻好像已經說過了很多的話，我們邊聊邊看她這次騎車環島拍的照片。

「最喜歡哪一段路？」我問她。

「高雄到恆春，還有知本到瑞穗，這兩段路程都好美，那種簡單的自由，還有樸素的美。」眼底閃著光芒對我說。

「最辛苦的路段呢？」我又問。

「因為平時騎的飛輪都是爬坡，所以爬山路或陡坡對我來說其實還好，最辛苦的應該是在大雨裡騎車，有一天我們在雨中騎了七十公里，而且雨天騎車很容易破胎，臺北到臺中那段路，我在短短半小時內就破了兩次胎，工作人員幫我換胎的時候我會落

隊，換好輪胎我又要再重新追上隊伍，真的滿累的……」

「但是妳真的做到了！」我看著她，覺得她好了不起，沒有人會真的明白，那些終於做到的人，是經歷了多少的不容易。

這不是一趟突然興起的旅程，這是她當時用了她們兩個人，原本要飛去越南的機票，換成的一張飛來臺北的機票。那場感情，是傷心，後來也是她蛻變的能量，所以她要從她拿到證照的、飛輪的起點臺北出發，去完成這場意志跟體力的壯行，去挑戰、去證明，她真的重新找回自己了！

「明天晚上的飛機回去嗎？」我問。

「嗯，到吉隆坡機場都深夜了。我本來還在想要怎麼從機場回家，結果她說要開車來接我，角子哥，原來真的愛情是這樣啊！」她笑著對我說。

我微笑地看著她，她的笑容如此真摯，我終於明白那種覺得跟某人「有緣」的感覺，就是「善良」。我始終是這麼相信著的，堅持著善良的人，最後一定也會吸引另一個善良的人，而所有美好的緣分，都一定是從善良開始的。

她說「她」很善良，那是她後來認識的另一個女孩，她們很

好，愛得好對等，她的下一趟人生的旅程正要展開⋯⋯

加油！我的飛輪女孩。

照片提供｜Carmen Siow

第 2 章

兼 容 並 蓄

你相信幸福
也不會忘記
曾經走過來的路

你相信幸福

也不會忘記

曾經走過來的路

沒有永遠順遂的人生，
受傷的時候，
就停下來好好跟自己相處。

你會再多愛自己一點點，
別人給的愛常會讓我們脆弱，
自己給自己的愛，才會真的讓你勇敢。

每個人都有他想要靜靜走完的一段路。
那很正常，
傷心和快樂，
都是人生的路程。
快樂很好，在快樂的時候記得自己曾經有光。
傷心很難，可是傷心經常會帶我們走上更好的路。

你會越走越好的。
你相信幸福，
也不會忘記曾經走過來的路。
你不會迷路，
你出發不是為了別人，你是為自己。
你沒有非要任何人，你要的是幸福。

Vol.1

你是長河奔騰，
要奔赴幸福的水到渠成

「角子，我真的很後悔，後悔那些付出，還有那些愚蠢的決定，我好氣自己，我真的很難原諒自己……」她在信裡說自己愛錯了人，在對方離開之後，她不是只有傷心，她還責怪自己。

你也曾經跟她一樣，也曾經在傷心裡，突然冒出過這樣的念頭：「如果可以，那我寧可這段感情根本不要發生。」

然而我們也都明白，所有的過程都是我們選擇過後的結果。我們不是憑空選擇，我們在選擇的過程中一定是因為相信，相信那樣比較好、相信那樣會幸福，所以真正讓我們傷心的並不是過程，而是沒有結果。

是的，我們會對那些決定後悔，並不是因為它們沒有快樂，而是因為它們最後沒有結果，於是我們想拿回一切，希望這一切從來沒有發生。

這就是信奉了愛的「結果論」，以愛的「結果論」來談感情是很辛苦的，因為所有的過程最後都變成不重要，而唯「結果」是問。於是當一份感情最後沒有結果的時候，我們便覺得又回到原點，一切都是浪費。

　　你忘記的，是你在那些過程裡看見和學會的。你沒有浪費時間，你的付出和選擇，只要是你思考過的、努力過的，不管對、錯，最後都一定會讓你成長。你要尋找的是幸福，而不是他，所以就算失去了一個不想跟你一起前進的人，你也還在為自己的幸福而繼續前進著。

　　就像一條奔騰的長河，在過程裡都一定會有那些支流的匯入，它們有的是上游最純淨的雪水，也會有後來加入被汙染過的髒水，那就是我們在生命裡總會遇見的好與壞，無法逃避，也毋須逃避，也許它們會暫時困擾我們，讓我們傷心、疑惑，但最後也是那些困頓才會讓我們成長，那就是每條長河都必須經歷的匯集，讓那些生命的匯入，成就更豐厚壯闊的你。

　　每個人都是一條壯闊的長河，要奔向幸福的海洋。每條河都有它自己的流路，所以比較是沒有意義的，你會在這裡變慢，我會在那裡轉彎；你會在這裡匯聚川流，而我會在那裡淤積成原，我們各有各的故事，各有各的鍾情與執著，可是我們的夢想是一樣的，那就是我們都要奔向我們要去的幸福海洋。

那就是每一條長河都會有的自己的故事，你無法真的停止，每一秒，江流都在前行；你無法真的忘記，凡走過的都必然會留下痕跡。

　　你不必「昨日總總，譬如昨日死」，因為每一個逝去的昨日都是你今日的養分；你更毋須「今日總總，譬如今日生」，因為每一個走得更篤定的今日，絕對是來自於你終於踏實走過的昨日。

　　你沒有後悔，生命所有的努力，都不會白費，你在這裡耕耘，他日必定會在那裡收穫，那才是生命的江河，真正會展現給你的「結果論」。

　　做一條篤定的江河，篤定地挫折，最後也一定會篤定地走過。你不會只能停在這裡，你會記得，你是長河奔騰，要奔赴幸福的水到渠成。

你不是重新開始，
你是從新開始

用一段傷心的時光，
去離開那段感情。
那是你最後要為那份愛做的事情。

最讓你傷心的，並不是沒有結果。
而是他連誠懇地說一句再見，都做不到。
誠懇地謝謝你的努力。
誠懇地告別，你們曾經為彼此付出的這一段。

你會自己勇敢。
那些他逃避給你的理由，你會越看越清楚。
那些他沒勇氣面對的，你會自己勇敢去面對。

你不是重新開始，你是從新開始。
你不是回到原點，

你是帶著那些學會，走上全新的、更好的可能。

離開那場黑暗，走去新的溫暖。

離開那段傷心，走去真正的幸福。

走出來並不是「不在乎」，
而是你真的知道，他不是你的幸福

「角子，跟他分手已經有一段時間，我覺得自己應該快走出來了，可是那天聽到了他的近況，我竟然還是會難過，會在乎，是不是代表我還沒好，還沒有走出來呢？」

在分手後的同一段時光裡，他做了好多事情，有了新的開始，甚至還有了新的感情；不像你，你走得很慢，你在那場傷心的漸層裡，還在慢慢地走出來。

你聽過有一種驗證走出來的標準叫做「不在乎」，等到哪天你回想起他的名字、聽到了他的近況，你感覺「不在乎」了，就是你終於走出來了。

於是「不在乎」很容易就被等同於「遺忘」，就是你必須對這場記憶的全面斷捨離。你覺得好難，因為人無法選擇性遺忘，你若要清除傷心，就必須要把記憶裡的快樂都一起消滅……你試

過，你捨不得，他可以捨不得你，可是你真的捨不得忘記這段感情。

也可能，你讓自己不在乎的方式，是拚命去想他的不在乎。他真的不在乎你了！他不是只有丟下你，還很快就有了新生活，於是你也該放下他，開始走自己的路……這個旁人看起來這麼簡易的道理，對用情至深的你卻不一定有用。因為那本來就不是一份公平的感情，於是他的不在乎，不但無法激勵你的不在乎，還會讓你更傷心，更延長了那段傷心的路程。

所以，走出來要努力的並不是「遺忘」，也不是以對方對我們的不在乎，做為前進的動力。

走出來的起點應該是「再也與他無關」，是接下來傷心也好、虛弱也好，都是你自己的，再也與他無關；是接下來他所做的，都是他自己的決定，也都再也與你無關。

那是他的無情，對你來說也並非陌生，早在他離開前，你就見識過。既然你無法控制他的無情，那你就別再拿他接下來的無情，繼續傷害自己。

那是你的有義，是你假裝不了的無情，既然如此那就把它放在心底，你會一直記得那些快樂，也會越來越看清楚那場愛

的真相。

也許，那才是每場愛最後真正想帶給我們的意義，它沒有要你抹滅記憶，更沒有要你輸得孑然一身，它想讓我們學會的，是愛真正的本質，那就是愛的「兼容並蓄」，是你可以擁有那些曾經，也可以繼續追尋自己的未來。

你還是會在乎，也許終會漸漸遺忘，最後真的會不再在意；也可能，終其一生都還是會在乎，都還是會在偶爾想起的時候，心起漣漪。但你知道那只是一份愛最終會留下來的形式，跟是否已經走出來無關。

走出來並不是不在乎，而是一種終於明白，明白那些快樂是真的，可是你們的不適合也是真的。明白那些剛開始的喜歡是真的，可是最後的不想再一起努力，也一樣是真的。於是我們才會在後來那些依然會在乎的微小波瀾裡，持續前進，而且絕對不會想再回頭，因為那就是你最後的終於明白：

走出來並不是「不在乎」，而是你真的知道，他不是你的幸福。

你跟他，
沒有結果，就是最好的結果

遇上了一個只想要快樂的人，
發生了一段並不對等的感情。
你跟他，沒有結果，
就是最好的結果。

你不必再等待失望，
不必再在他的不在乎裡責怪自己，
故事終於結束，
你的人生終於走上了新的可能。
你終會看清楚，
不是會開的花，後來都一定會結果。
不是所有的愛，後來都可以長成幸福。

沒有結果，後來都會有新的結果。

你只是跟他沒有結果，
而你的故事會依然繼續。
真正的結果是，
這場傷心後來會成為一個過去的故事。
你會變得更好。
而且找到了真的幸福。

先開口說無「情」的人，
不一定就是「無情」的

　　我們總以為，被留下來的人一定是最傷心的，其實有時候開口說分開的人，也會傷心，甚至，比被留下的人傷心更久。

　　「角子，我就是那個先提分手的人，我想過了，我應該要灑脫的，可是為什麼我還是那麼難過呢？」讀者在發來的信裡說。「因為那並不是一個衝動的決定啊！」我在心底回應了他的問題。

　　因為你也同樣放了很深的感情在這裡，你不是突然丟下他，你也想過美好的未來，也想過兩個人可以一直像剛開始的時候那樣好好走下去。

　　對比起你後來的堅決，你很抱歉，曾經在過程裡給過對方的那些承諾和未來。你知道說這些無濟於事，甚至有點矯情，但反正這也只是你自己內心的聲音，你的期待是真的、失落也是真的；你當時的快樂是真的，後來一個人偷偷掉過的眼淚，也是真的。

你努力過，想把兩個不適合的人變成適合，你後來覺得最困難的地方是，你覺得的不適合，並不是對方覺得的不適合。也許是你對愛的期待太高，也許是你把兩個人在一起要享有的感覺想得太好，也許，那就是你們最大的差異和不適合。

　　沒有人有錯，你做不到的將就跟他做不到的妥協，都一樣是無辜的。也許是你比較敏感，在對方覺得沒什麼的時候，就已經預知到那些將來的困難；也可能是你對失望的耐受度太低，你在對方覺得還可以再努力看看的時候，就已經放棄希望。

　　你希望他懂，你真的反覆考慮、掙扎、也努力過，你說這些，並不是因為你想挽回什麼，所以你可以更誠實，有好幾次，你甚至努力曲解了愛的定義，告訴自己愛就是兩個人「好好在一起」就好了，你甚至幾乎要騙過自己了，可是那樣的欺騙，為什麼只會讓你覺得，你們離愛越來越遠呢？

　　如果可以好好說，你真的希望可以對他這麼說，如果我們的愛，後來只讓我們學會了更多的寂寞與悲傷；如果我們在這份愛裡，看待彼此的眼神已經不再可愛，那讓我們在開始傷害彼此前分開。

　　是的，你就是那個先提分手，但後來更傷心的人。你一樣會捨不得、一樣會懷疑，甚至一樣會遺憾和後悔。但是你更清楚一

旦回頭後的重蹈覆轍，那些你們從前真的嘗試過的，那些回頭都沒有讓你們更好，沒有讓你們更懂得珍惜，而只是讓你們更失望，對彼此傷害得更深。

先開口說無「情」的人，不一定就是「無情」的，先開口提分手的人，也許比被分手的人，要花更長的時間，走在傷心的路上。

也許他永遠都不會知道，你的眼淚跟感謝都是真的，你的堅定與脆弱也是並存的。那是你們一起走過的路，那是你們一起分享過的夢想，那些都是真的。你的夢想依然，你還是會努力向前去尋找；你希望他的夢想也不要變，將來也一定有一個人，可以跟他一起完成他的夢想。

希望「我們」後來都可以找到那個人，各自成為更好的「我們」，那是你最衷心的祝福，獻給他、獻給自己，獻給正要勇敢前進的我們。

從前，你有深愛他的原因；
現在，你也有不再等他的理由

後來，
你已經可以從別的角度去看待那份感情，
不是只有成功或失敗，
而是還有那些快樂和事實。
那些快樂都是真的，
那些互動，都是當下的真心真意。
而最後的事實也是真的，
你們是真的不適合。

你沒有後悔，
當時所有的理由，都還是成立的。
你還是喜歡當時的他，
還是喜歡當時那個努力過的自己。

你不會執著，那些快樂和傷心，

都是生命走過的曾經。

曾經，所以生命才豐富。

曾經，才讓我們發現了真正的自己。

那就是每個人走過後的理解與明白。

從前，你有深愛他的原因，

現在，你也有不再等他的理由。

幸福的鑰匙也許不在未來，
而是藏在「過去」

「角子，從三十到三十五歲，我把女人最精華的時段都給了他，付出了我的青春、積蓄，還為他的創業夢負債，我都沒有後悔過。我不敢相信他會背叛我，從發現他有小三到現在，我沒有罵過他一句，我是傷心大於生氣。都是因為我的疏忽，讓他以為我不了解他，才會逃到別人那找共鳴。我願意原諒他，但他說來不及了，不肯給我機會……」

我皺著眉看這封長信，每當我的眉頭又扭曲得更深，就是那五年的故事裡又發生了新的轉折，那些轉折並不合理，我無法理解她的無悔投入，這絕非一場對等的關係，對方很明顯只是在濫用她對他的好，她明明也看出來了，可是卻從不願意那樣解釋。

即便發現對方有小三，她也依然可以同理他。她沒有問我怎麼辦？也許她根本不需要別人告訴她怎麼辦，因為她還想繼續，繼續周而復始地努力這份對她來說無比珍貴的關係。

「妳聽過『聖母情結』嗎？有機會去網路搜尋這方面的資料看看好嗎？」我的回信很短，因為我知道她不需要我的勸說，她更需要的是自己的覺察。

「聖母情結」或「救世主情結」形成的原因，比較常見的兩種說法：第一種是因為在童年時期只感受過「有條件的愛」，也就是必須做到什麼，才能夠被愛。於是長大後便開始努力追求「無條件的愛」，希望可以藉由無條件的付出，去完成一份愛，去證明自己也可以存在於一份無條件的愛裡。

第二種說法，是在成長過程中，因為缺乏被愛的感受，於是在潛意識裡，就會想要扮演一個解救者，來證明自己的能力跟存在的價值。

這兩種成因，都跟「過去」有關，最後產生的行為都是「投射」，就是把自己的處境投射到對方身上，並且想用拯救對方的方式，來解救過去的自己。

每一個「聖母」和「救世主」都是勇敢的，面對人生的傷，他們沒有逃避，而是在長大後選擇跟它們正面對決。只是，他們找錯了對象，他們選擇的對方，其實只是那些傷的影子，真正的本體，是一直還留在「過去」的那個缺乏愛的自己。

於是你才會無法踩煞車，因為你放棄對方，就等於放棄了潛意識裡的自己；於是你的慷慨，很快就會讓對方忘記珍惜，因為他知道你的寬容是沒有底線的。

大多數的「聖母」和「救世主」最終都無法修成正果，那些他們希望能改變、感動對方的作為，最終都會失敗。因為面對一個本身並不想改變的人，你所有的渡化，都只是在消耗自己；因為感動是源自於珍惜，面對一個不懂得珍惜的人，你最終能感動的，也只有傷心的自己而已。

你真正應該努力的，應該是回去面對「過去」的那個自己，告訴他，你很好，你沒有錯。也許那個時代欠你一份愛，可是你現在已經可以好好愛自己。也許那個時代沒有人覺得你特別，可是現在的你已經知道自己的不凡，你最大的不平凡，就是你的勇敢跟慷慨，而你現在要把那些熱情，最優先給自己。

感情裡的付出跟努力，並沒有錯，只是你要付出的對象，一定是一個懂得跟你互相的人；感情的經營，一定需要努力，可是你要努力的感情裡，一定存在著兩個人一起的力量。

不要用犧牲去交換感情，不要燃燒自己，也只是照亮了對方的人生。你不必愛得那麼偉大，你只要愛得合乎常情，最合乎常情的感情就是，你在意對方的感受，也不會忽略自己；不只付出，

也可以有所要求。那就是愛的平衡，只有平衡的愛，才有可能長久，才有可能走成真的幸福。

　　從前，你以為幸福就是努力往前尋找；現在你已經知道，幸福的鑰匙也許不在未來，而是藏在「過去」，而你就要出發去尋找。

這一次，
你不再跟從前一樣了

從前，你總是等，
從那些給過自己的各種理由，
等到後來的寂寞無聲。

從前，你以為那就是付出，
直到你開始明白，
單方的堅持，叫做強求。
他可以繼續耽誤你，
可是你不想再耽誤自己了。

這一次，你不再跟從前一樣了。
你要走上自己的路，
你要自己去完成人生的夢想。
你還是會等，
你會等自己好起來。

你還是會付出，
你會用最大的溫柔善待自己。

你會再重新走上那趟夢想的旅程，
用全新的勇敢與期待。
你會一直提醒自己。
你的夢想，是愛。
你要追尋的夢想，是真的幸福。

Vol.9

歸來——最圓滿的和解，
是自己接住自己

我一直在想，事隔多年，還要再重提這件事情嗎？而這個故事發生的當時，我最希望的，不就是越少人知道越好嗎？!

還是我其實一直在思考的是，我真的有受傷嗎？這些年，我還是順利地長大了，我沒有跟誰提過那件事情，甚至，也很少再想起來過。

只是，如果我沒有受傷，或者傷已經好了，為什麼當我再次走進這個故事，還是會淚如雨下……

還是，我其實在考慮的，是我究竟要不要解開那個「封印」？而我究竟要如何解開，那個已經被我封印在記憶裡，長達幾十年的故事？

那年，我國一。

在那個我還是井底之蛙的年紀，我因為擁有一些天分，從小學到國中，一直都是學校的風雲人物。

你還記得那個年代的「教孝月」嗎？就是學校會在那個月有很密集的才藝比賽，而我就是那個在「教孝月」頒獎的時候，一個人不夠領完所有獎項的孩子。

我還記得那年我是一個人在五個比賽：演講、作文、書法、朗讀、英文朗讀，都得了獎，我站在司令臺上，得獎者排排站著，接受校長的頒獎，我從這排領完獎，又留下來繼續轉到下一排領別的獎，對一個十三歲的孩子來說，應該是很值得榮耀的吧！

我的父親，在當時也是我們豐原最紅的數學補習班名師，那應該也是他的人生最輝煌的年代。跟我一起在他的補習班補習的學生，有我現在的國中同學，還有許多從前的小學同學，一班大約有四十個人。

可能我真的數學比較弱，也可能是爸爸的教法不適合我，在身旁許多同學都點頭如搗蒜地回應他的教學的時候，我卻經常還身陷在五里霧裡。我還記得那個傍晚，他叫我出去解一個數學題，我不會，被他用藤條打了小腿，那很正常，那個年代越有名的老師打人越兇狠。然後我回到座位，更無法聽他說，開始緊張地自己看參考書，想要自己弄懂下一題的解法，因為我知道他一定會

再繼續叫我出去，我知道他今天跟我槓上了！他就是要修理我，因為我不聽他說，果真，他又叫我出去，我當然還是不會，然後我又被打了！

　　我不知道他為什麼要這樣對我；一如他不知道我為什麼不肯專心聽他說。我不明白他為什麼要在那麼多同學們面前這樣羞辱我；一如他也不明白，那麼多孩子都覺得他很會教，可是為什麼他自己的孩子會這麼不受教。

　　我的憤怒跟優越感，一下子攪和在一起，我真的聽不懂！等下他再繼續叫我出去，我也一樣會像一個笨蛋那樣不會！然後我不知道自己為什麼會突然那樣，我開始用原子筆劃參考書，把我的怒火都化成筆下混亂的線條，太用力，每一筆都劃破了好幾張紙，我明明知道他正在走近我，可是我沒有停下來，他看見了，瞬間也爆炸了！他用力打了我的頭，我的頭撞到桌子，鏡框一下子斷掉，刺破了我的皮膚，我的眼淚、還有額頭上的血，一滴一滴地墜落在被我劃破的書頁上……

　　而我在幾十年後的眼淚，就是在這個時候也跟著一起落了下來……「到樓上去！」我還記得他當時是這麼吼出來的。我帶著書，一口氣衝回二樓的家，把自己關在家裡的廁所大哭。

　　幾十年了，我還記得，那個廁所的場景，我不知道自己是怎

麼進來的？我更不知道的是，我要怎麼出去，要怎麼去重新面對我的人生？

一個意氣風發的孩子，在幾十個同學面前被打得滿臉是血，他做錯了什麼？他最不能理解的，也是最無力辯解的，他不是遇見了一個瘋子老師，在那個年代多得是把私人情緒發洩在孩子身上的瘋子老師，他遇見的是他的父親。

他無話可說，他的世界徹底崩塌了，而毀掉他的世界的人，原本該是他的屏障，他知道他的父親也許不是故意的，但他還是親手毀掉他的世界了！

那個晚上，爸爸開車來眼鏡行載我跟媽媽，我們剛配好新的眼鏡，在我要上車的時候，他突然跟我說：「我會在下次上課的時候，跟你道歉。」

幾天後，在補習班的課堂上，我的心情不是期待，不是期待沉冤得雪的真相大白；而是複雜。如果他道歉的身分是「父親」，我當然可以原諒他，但為什麼在那麼多外人面前，原諒了我的父親，還是讓我如此傷心？如果他道歉的身分是「老師」，在那個師長永遠都對的年代，在那些敬畏他的學生面前，一個名師為了兒子而崩塌了他的權威，又是他的兒子真心想見到的嗎？

這很難，對吧！

所以爸爸後來沒有道歉，在那個我拚命壯大自己、如坐針氈的一個多小時裡，我們看起來很和平，好像什麼事情都未曾發生。

而事實是，好多事情都發生了，也許是我真的多想了，第二天開始我覺得在學校裡大家看我的眼神不一樣了，就在我幾乎要說服自己，真的是我多想的時候，一個我在班上的死對頭，突然在掃除時間對大家說：「哈哈，昨天ＸＸＸ在補習班被他爸爸打。」

親愛的爸爸，那是我第一次想到死。

然後，後來又發生了什麼，我又有什麼情緒，我都不太記得了，我甚至後來在高中讀到了最喜歡的作家三毛說，因為老師誤會她數學考試作弊，而在她的臉上用毛筆畫了兩個貓熊眼，她就開始逃學，再也不去學校上學的時候，我都沒有想到那個曾經在數學課上血淚模糊的自己。

也許，我是真的好了，在我後來用同樣受傷的那顆心，繼續感受到他對我的愛。

他是一個好父親，對家庭有責任感，會省儉自己給小孩用，

在那個高中生唯一跟同輩一起的旅遊方式，就是在寒暑假報名救國團自強活動的年代，我跟弟弟只要想參加的團隊，他都會拿錢讓我們去報名；我還記得我考上師範學院，也都去念了半年了，才發現自己真的很不喜歡當老師，我想休學重考，那意味著我要放棄當時畢業後還會分發教職的鐵飯碗，還有要繳交高達六萬元的補習費。

我當時寫了五張信紙給他，那裡面有我真的痛苦，也有我渲染的有志難伸，我算了一下日期，在他應該要收到信的那個晚上，我捏著心臟打公共電話回家，準備要被他罵，才一接通電話就聽見他焦急的聲音：「你回來，你只要人好好地回來，就好了。」他的聲音好像快哭出來，就好像他如果沒有馬上答應我，我就會去死那樣。

我也還記得，大學畢業後入伍，我去鳳山受預官訓，第一次的會客，爸媽、弟弟帶著我們的狗妹妹娃娃，一家人從臺中開車到鳳山步校來看我，接下來的每個週日，我們開始可以外出休假，媽媽跟弟弟也早就恢復了他們的生活，只有爸爸，還是每週日都搭車下來看我，我知道他是專程來看我的，可是他會說是剛好有事情要辦，於是這週是來看住在高雄的叔叔、下週是姑姑、再下下週是舅公……他在高雄的親戚那麼多，好像突然都需要他去探望，而他明明從前也只有過年才會回來而已。

「受訓會不會很苦？」問我，在那個兵役要服兩年的年代。

「還好，只是很熱。」我說。

「你搭火車下來的嗎？」我問。

「沒有，搭野雞車比較便宜，離你叔叔家也比較近。」
他回答我。

我們的對話，經常都很簡短。如果會比較長，就是現場還有
媽媽，媽媽會把我的話串在一起，再產生新的問句，和更多的
延伸。

也許那就是那個時代的父親，總是不善言表；又或者，只要
多說了，就會變成衝突。他們不像媽媽，總是可收可放，可以以
柔克剛，他們的威嚴，總是傷人傷己，總是兩敗俱傷。

我不確定那是否有因果關係，也無從追考，自己跟爸爸究竟
是從何時開始，變得這樣的相處模式。我只知道在我後來的生命
裡，幾乎沒有再讓任何人插手過我的人生。我覺得很奇怪，我是
直到現在才發現這個事實，親愛的爸爸，我從來沒有在我人生面
臨選擇的時刻，問過你的意見跟想法。

可是那個當年因為聽不懂，而堅持要自己看書的孩子，卻還是依然那麼在乎你的看法，還是拚了命要向你證明，他一樣可以走出他想走的路，找到他自己生命的答案。

退伍後，臺北大學法律學系畢業的我，沒有參加任何國家的法律專業考試，就直接投入完全不問我學歷的唱片產業，我騙爸媽我在臺北補習，都已經工作半年了，才跟他們說。有一次，爸爸帶學生到臺北來畢業旅行，晚上到我跟弟弟住的地方來看我們，他一直等我等到十一點多才回去飯店，那天我因為拍 MV，工作到半夜才回家。

隔兩週我開車回臺中，帶著我在踏入社會的第一年就發行的第一本書回去給他，我一進門就把書拿給他，外加一個紅包，「爸，這是我的新書，還有這是我的版稅，給你吃紅！」

爸爸一下子把我的紅包丟到地上，「如果你的錢要工作到那麼晚、作息那麼不正常，才能賺到，那我一毛錢都不要！」對著我吼出來。

我錯愕地看著他，沒有多說一句，拿著剛放下的行李袋就馬上往回走。

「你是跟他說了什麼啦！」從廚房追出來的媽媽問他。「我又

不是那個意思！」爸爸回答。

在那個晚上，在那條從臺北到臺中、又馬上從臺中到臺北的高速公路上，我一手握著方向盤，一手拚命地擦眼淚，也只有爸爸說的話，可以瞬間刺傷我，是的，我相信你不是故意的，但為什麼我還是覺得好傷心……

那也是當年那個傷心的十三歲的孩子，從此不再參加任何比賽，他把自己的心關起來，從五十幾公斤胖到八十公斤；直到他考上臺中的高中，可以脫離豐原生活圈，到臺中去重新做人，生活才終於又慢慢彩色回來。

「XXX，你跟國中時的個性差好多。」有個一路跟我從小學、國中到高中的同學，曾經這麼對我說。

是啊！那是我到高一又重新拿下的演講比賽獎項；然後在高一的暑假，用兩個月的時間做到瘦了十三公斤。

出社會，我也是拿那樣的標準在要求自己的。在我的同學都成為司法官、檢察官、律師，至少也都是公司的法務專業人員的時候，我從基層的企劃助理做起，幫大家打雜、買便當，也珍惜每一個寫唱片企劃案的機會。我白天做唱片，晚上寫文章，每一個為夢想努力的分秒，內在的動力是我的熱愛，外在就是我想要

對爸爸的證明。

第一年我的薪水是兩萬，第二年三萬五，第三年五萬，第五年八萬，第七年我就有了十二萬的月薪，第十年我自行創業，每個發生，我都會在第一時間告訴媽媽，我知道她會馬上替我告訴爸爸。

那一次，我沒有帶著任何預期心理，去看了金馬影展的電影《扶桑花女孩》，在看到其中那個原本反對女兒跳草裙舞的父親，後來偷偷去看她的練習，他看見了她的努力和專注，直到那個父親露出了開心、驕傲的表情……那明明是一個溫暖的畫面，沒有人在這個橋段會這樣哭，可是我哭到發抖，我握緊扶手，憋著聲音與呼吸，直到整排椅子都跟著顫動起來……

親愛的爸爸，那個可以讓你驕傲的眼神，就是我最想得到的。

而我後來也好像真的得到了，當你開始好像也會隨著媽媽，跟親友們炫耀著我們兄弟的成就，在一個親戚朋友都是中產的同溫層裡，我們好像也真的有了差強人意的表現了。

在我自行創業的十年後，我又開始寫書，而且跟剛出社會的時候不同，當時總是連首刷都賣不完的我，竟然在多年後，成了一位暢銷書作家。可能是因為媽媽不在了，我便失去了那個告訴

你的管道。

也可能是我認為已經不再需要，爸，我是真的明白，我已經是你的驕傲了。你會把我的書，送給你的朋友，最讓我驕傲的，是你會送給去看病的門診醫生，你是真心認為，送這個書，比那些洋酒、食品禮盒更有價值吧！

在媽媽走後這三年裡，我每天都會在下午六點多給你打電話，有時候會不知道要說什麼，那就彼此問「呷飽未」；又或者在其他時間突然想到可以問什麼，就趕緊記下來，那就是我們今天晚上可以對話的話題。

我一直在想，都那麼久了，為什麼會想再重提那件陳年往事呢？也許是因為我想說，即便是一個這麼愛小孩的父親，也還是會在無意間，傷了他的孩子；而一個明明也明白父母對他的苦心的孩子，也可能還是會憤怒，甚至會恨他的父母，那都是很難避免的事情。

也許是因為我想說，即便你對別人施加的傷害，並不是故意的，但那絕不意味著傷害就不成立了；而對被傷害的人來說，我們無法阻止別人對我們的傷害，可是我們卻可以在生命的不同階段，重新賦予它新的意義。

這一生，你會遇見各式各樣的傷害，親情的、愛情的、友情的、職場的，我們被傷害，有時候也會傷害別人。

那些傷害我們的人，有的不是故意，當然也有些是惡意的。他們有些人會充滿歉意，也一定有些人，完全不覺得自己是有錯的。

也許我真正想說的是「和解」。是我這幾十年來，一直在尋找的和解之路。

和解並不是「道歉」。

如果在當時的課堂上，我得到了爸爸的道歉，那我的傷就會瞬間消失嗎？如果那個傷害你的人，終其一生都不願意展現歉意，那你便要在那場傷害裡一輩子嗎？

當然，如果我們有機會得到對方的道歉，那會不錯，但傷依然是傷，我們在那個傷害之後的走過，始終是我們自己一個人的路。

和解更不是「原諒」。

我當然可以原諒我的父親，一如我也想過，他一定也有過他

的傷，也一定有他的走過。可是你卻不一定要原諒那些傷害過你的人，因為他們也許是惡意的，甚至也不稀罕你的原諒。

有的傷後來會好，有的傷，終其一生都會是傷。

可是你會長大，你會變強，當時那個無力反擊的你，也可以在後來，再回去照護那個受傷的自己。

最圓滿的和解，是「自己接住自己」。

也許那就是我這些年，並不自覺，但其實卻在默默地做著的，我沒有因此放棄自己，甚至還把悲憤化成了力量，在逐夢的路上，它們是我的傷，也是我的營養；它們是我的脆弱，也成為了我後來的堅強。

直到現在都還是會在朋友圈裡，遇上幾個在酒後哭著埋怨自己的命運的人，他們袒露著自己在成長過程裡受過的傷，一次又一次，他們無法解決，也可能是不想解決，我總是聽著，想著那些傷究竟是他們後來失敗的原因，還是不自覺地被他們當成了理由。

你不可能忘記那些傷，但是你可以將它們融合進你的人生，讓它們成為更強大的你；是的，那些人對不起你，所以你才更要接手，好好照顧自己。

你會接住過去的自己，給他溫暖和祝福。原諒那場遭遇、原諒那個對愛至誠的自己。

　　和解，不是為了平息痛苦，而是為了更好的追尋。和解，更不是軟弱，而是為了迎接更強大的自己。

　　那天，我突然聽見爸爸對弟弟說：「對小孩說話不要那麼兇，有事情好好講，我從前不懂，現在很後悔。」聽起來像是一個心疼孫子的阿公，但其實更像是一個八十三歲的父親，在多年以後跟孩子的告白。

　　我跟弟弟同時聽見了，我不知道弟弟的故事，不知道他的感覺是什麼，我的心卻在那剎那被觸動了一下。

　　我從前不會但我今天卻突然這麼想，當時的我是一個只需要想到自己的孩子，可是他同時是一個父親、丈夫，也還是阿公、阿嬤的兒子，他要煩、要顧的事情真的好多，那裡頭有的他會，有的他也是第一次遇到。

　　就算他是我爸爸，他也是人，他也還在學，所以他當然可以犯錯，也可以偶爾不小心，重點是他一直在，他從來都沒有從我的生命離開，他一直記得，他的身分是一個爸爸，那就是他對我永遠的愛……

「爸，我沒事了！」我在心底輕輕地說出來。

突然，我就想起那個十三歲的男孩，這麼多年來，我沒有跟別人說過這個故事，也幾乎不曾再想到過他，但是我知道他還在等我，還在等我變得更強，又或者他其實在等我變得更柔軟，用更溫柔的壯闊，打開那個封印，接住他、擁抱他，謝謝他一直沒有離開，謝謝你真的等到我的歸來。

這就是我最後決定寫出這個故事的理由。

Vol.10

你終於把自己放好了

你開始新的生活，
而且真的打從心底相信，你們再也沒有關聯。
你已經不需要他的關心，
不希望他的打擾，就讓故事到這裡就好。

你終於把自己放好了。

不要翻攪，也請別再興之所至，
他不會知道，你也不需要他知道，
他信手拈來的關心，你得再花多大的力氣，
才能讓自己再重新回到事實。

你認輸，你永遠做不到他的來去自如。
做不到明明重傷了別人的心，
還可以笑得那麼燦爛自然。

無論如何，

你都不會讓自己再回去那個位置了。

你已經可以了，

也真的已經在努力往前走了。

你不再附屬於誰，

幸福的定義，你從此要自己寫。

你不再只是追隨誰的身影。

在每個抉擇的路口，唯一的標準，

就是你一定要覺得幸福，你才會一起走。

祝　福

　　「如果你們也有看過《你不是失敗，你是值得更好的》這本書，裡面有一個真實故事叫做〈小獅〉，我看完後整個淚崩，久久無法平息，小獅爸爸，你真的很棒、很勇敢，小獅是一個天使寶寶……」小獅爸爸把他在 IG 看見的這則限時動態轉給我。

　　「昨天看到這位讀者的留言時候，真的有被鼓舞到，覺得有種無形的力量在支持著我前進！」緊接著又傳了這則訊息給我。

　　小獅真的是一個天使寶寶，說起天使應該要開心，可是每當我說到這個故事的後來，都會很想哭。

　　小獅爸爸是一個在單親家庭長大的男生，從小就渴望能夠建立一個自己的家，只是他愛上的是一個還不肯長大的女生，也就是小獅的媽媽。你可以說她是一個渴望浪漫的愛情動物，或者更直白地說，小獅爸爸只是她在走過傷心期的一根浮木，在結婚後

的短短一年裡，她出軌了兩次。那是小獅爸爸捨不得粉碎的家，他不只求她，他還等她，可是一個連孩子都可以不要的母親，又怎麼可能再回來當一個妻子？！

那是小獅爸爸後來很意志消沉的人生，做裝潢業的他經常要日夜跑工地，他把才兩個多月大的小獅托給保母帶，週末才把他帶回來。在那個冰冷淒清的屋子裡，他最常做的事情就是抱著小獅，父子一起看著魚缸裡的魚，他不知道小獅知不知道媽媽再也不會回來他身邊？他想小獅應該不知道，不然他不會一直都這麼乖。他在魚缸反射的倒影裡看見小獅的眼神跟著魚群一起雀躍地移動著，小獅突然笑了，他以為小獅是因為看見魚，後來他發現小獅的眼神是正在看著他，是正在看著爸爸，他突然覺得小獅知道，所以他才會一直那麼乖，他感覺到了，那是小獅的體貼，那是他第一次感覺到小獅正對著他說：「把拔，你要勇敢和加油！」

每次說到這裡，我就會開始想哭，因為這真的是一個太戲劇性的轉折，可是它卻如此真實的發生了！因為保母的疏失，睡覺時被棉被掩住口鼻超過三十分鐘的小獅，成為被醫生宣布腦死的植物嬰兒，那時，他也才三個月大而已。

可是堅強的小獅，他沒有馬上走，圓滾滾的他，又繼續在醫院裡撐了三個月，彷彿仍有心願未了。

小獅爸爸說他永遠不會忘記那年的除夕夜，醫院特別通融，讓他在小兒加護病房裡陪小獅過年。多數的病患為了怕犯忌諱，都已經盡量在過年前轉入普通病房。

偌大的加護病房裡，只剩下他和小獅，這應該是一個家人歡喜團圓的夜晚，可是為什麼他那麼絕望而悲傷?!他看著小獅，看著小獅那麼努力地在呼吸，他應該要哭，但是他沒有，他突然感覺到，比起小獅正在承受的痛苦，他的痛苦算什麼?!

他瞬間意識到自己是一個父親，那是他第二次感受到小獅在鼓勵他，他握著小獅的手，跟他說：「把拔答應你，會從現在開始振作，我一定會讓三年後的我，感謝現在開始努力的自己。」

我還記得我在那篇文章裡是這麼寫的：「小獅在醫院裡撐了三個月，因為那辛苦的三個月，才讓加護病房裡照顧小獅的那個護理師，發現了一個這樣自責歉疚的父親，應該值得更好的對待；就是那辛苦的三個月，才讓這個父親發現了這位護理師的溫暖和善良。她默默地看著他每天對孩子說話，看過他最真實也最慘的樣子；他默默地看著她用小獅的照片做了農曆年的紅包袋，還有特製的 Line 表情。直到有一天他竟然有個念頭突然閃過：「如果她就是小獅的媽媽那該有多好……」

「幫爸爸找到他的幸福，我想那也許就是小獅最後想完成的

事。」我在那個段落的最後這麼寫。

小獅拔掉呼吸器的那個下午是個雨天，他們一起在病床邊送他，小獅看起來很平靜。他的這一生很短，短到還來不及學會叫爸爸；他的這一生也很長，會留在許多人的心底，成為永遠的力量。

他們幫小獅找了一個坐山面海的納骨塔，用愛幫他布置了美麗的塔位，在他的骨灰罈前面，有爸爸幫他買的「原子小金剛」和「玩具總動員」玩偶、護理師阿姨用他的照片做的年曆、阿嬤唸經用的佛珠，還有許多人想給他的愛……

入完塔，當小獅爸爸走出來外面的時候，不知道從哪裡飛來的一隻美麗的鳳蝶，就停在他的虎口上，他舉起手來看著牠，牠沒有飛走，那是他最常觸摸小獅的位置，那是他每次都牽起小獅的手，鼓勵小獅，最後卻總是被小獅鼓勵的位置。

牠不只停在小獅爸爸的手上，牠還陸續飛到了阿公、阿嬤、姨婆的手上，彷彿捨不得，又彷彿那麼從容地，在完成牠跟大家最後的道別……終於牠向天空飛去，逐漸在炫目的陽光裡，成為了光的一部分。

小獅天使回去了，故事在這裡告一段落了，可是新的故事依

然在進行。我跟小獅爸爸的聯繫雖不頻繁，卻未曾中斷。我會找他，總是有事情要麻煩他，陸續請他幫我介紹過好的木工、水電、窗簾訂製的師傅；他找我，卻總是給我捎來好消息：他們結婚了、誕生了第一個女兒，在第六本書的簽書會上，他們帶著剛出生的女兒來看我，我看著那個剛出生不久的女孩，真的長得好像小獅。

「角子哥，我每個月都會去看小獅，那天我跟小獅說，你回來，讓媽媽重新再把你生回來好不好？結果好神奇，隔幾天老婆就跟我說她懷孕了！」我突然想起這段他曾經傳給我的訊息。

那是小獅爸爸開始展開的第二個人生，在他後來終於擁有的「家」裡，當然還是會有許多生活的問題和挑戰，可是他再也不會孤單，因為是他們夫妻倆一起在面對著，他們一起照顧著女兒，那是他們的孩子；可是他也沒有忘記，他還有另外一個孩子，他還是會經常去看他。

他從來都不是一個善於言詞表達的人，他能做到的就是好好守護他們。他把小獅的照片放在房間的櫃子上，有一天女兒突然指著相片問他這個人是誰，他也只能簡單地說：「他是妳哥哥，哥哥會在天上保佑妳喔！」。

他直到現在還是無法跟他的另一個孩子說太多話，每次只要一多說，他就會在塔位面前掉淚，於是他的話語也經常說得簡單：

「小獅，你要好好保佑妹妹長大喔！」在接下來無聲的時間裡，那是他們父子最親密的時光，他會用又帶來的玩具，慢慢地幫小獅布置塔位，現在塔位裡面的玩偶和玩具，都已經快變成一個遊樂場了！

　　三年了，那個當時在除夕夜跟小獅的約定，他真的做到了！他現在是真的可以回過頭去感謝，當時那個努力往前走的自己了。

　　三年了，他沒有忘記過這些過程，他也不想忘記，雖然有許多傷心，可是那些傷心都是因為愛；雖然那些愛曾經讓他迷惘，可是最後也是因為愛，才讓他得以堅定地持續向前。

　　「角子哥，第二個女兒的滿月餅乾要送去哪裡呢？方便給我您的地址嗎？」那天，我又收到了小獅爸爸的訊息。「來約喝咖啡，我好久沒見到你了耶！」我馬上回覆他。

　　於是我們就在幾天後的那個下午見面了，我們聊了許多後來發生的事情，有許多是他現在的幸福，也有許多是從前的小獅；他說他跟老婆也是，他們也是經常聊著現在，聊著兩個女兒，然後又會聊到小獅。

　　我知道，那就是愛，愛總是一脈相承，總是息息相關。

「給我看看小女兒的照片吧！」我對著他說。他馬上拿出手機，點開相簿裡的照片給我看。然後對著我詫異的表情，直接說出我的內心對白。

「小的更像小獅對吧！大女兒只是五官像，小女兒是連額頭瀏海的髮流，都跟哥哥長得一模一樣！」小獅爸爸笑著對我說。

本來就應該像，因為他們本來就是一家人，他本來就是她們的哥哥，而且一定會一直保護著她們。

因為我知道妳們的爸爸嘴巴很拙，因為每當我要他說幾句想給小獅的話，他就又會紅了眼眶，所以角子叔叔才會想寫下這些後來又發生的故事，當妳們長大，當妳們想知道妳們有一個多了不起的哥哥，就可以在這裡看見那位天使的故事。

原來天使從來都不會真的離開，他會活在每一個有愛的人的心底。

小獅爸爸，這是我想要給你的第二個女兒的祝福。

這一定也是，小獅想透過我，要獻給你們全家的祝福。

照片提供 | 小獅爸爸

第 3 章

往幸福的方向走

世界

還有好多

你沒見過的樣子

世界，還有好多
你沒見過的樣子

一直過不去的那個坎，
一直放不下的那個人。
可能是事情真的很不容易，
也可能，只是因為我們一直重複著
同樣的思考模式。

世界，還有很多樣子，
還有好多不一樣的人。
你的人生，真的還有好多可能。
每個人都會有那個無能為力的瞬間，
你不會是第一個遇見問題的人，
所以你最後也一定會像所有人那樣走出來。

每個幸福都有它的故事，
每個轉折都是一個新的可能。
試著先往前走，
試著讓生活先有一些不一樣。
你不會只看見一種風景，
你不會只遇見一場愛情，
別讓任何人縮小了你的人生。

世界，還有好多你沒見過的樣子。
這一步，你就已經出發了，
新的故事，經常就是那樣開始了。
每個幸福的故事，都是從一個簡單的出發開始的。

為自己，做出會幸福的選擇

「角子，有喔，你的書、Podcast、直播，我都一直有在追……」我看著這位讀者針對我先前貼給他的直播影片連結，回覆我的訊息。

「對的人的六個條件」「何時該分手」「如何走出來」我看著我之前貼給他的那些連結，彷彿真的看見了一張專注在看影片的臉，就在我覺得一切的努力都好值得的時候……

「但我還是想再請教您，我正面對一段有毒的關係，我的伴侶一直腳踏好幾條船，而且好逸惡勞、不切實際，請問我該怎麼辦？」

突然我有一種鬼打牆的感覺，瞬間又跟他一起回到原點。

我絕對同意角子不一定是對的，在社群平臺這麼便利的時

代，他一定也問過許多其他的人，我甚至敢打賭，我們回覆的答案，應該是大同小異的。

這也是許多人的通病，道理都懂、也都同意，可是到了最後該做「選擇」的時候，我們還是把選擇權又交給別人了。

就好像在那份關係裡，你總是在等待他的「選擇」，等他選擇他要不要改？要不要專一？要不要開始在乎你的感覺？

你忘記的是，你其實也有選擇權，你至少擁有的選擇是要「繼續留下來」或是「離開」？

選擇，一定要看起來是可以相互比較的，才有選擇的意義。譬如要繼續待在舊公司，還是跳槽去另一個公司？譬如今天的午餐要吃鯛魚便當，還是排骨麵？譬如這個週末要選擇待在家追劇，還是要出去爬山？這些各有利弊的選項，才有被比較、被選擇的意義。

留在一份你已經很努力，卻還是不會改善的關係裡，跟勇敢揮別一段不幸福，然後用一陣子的傷心，去換後來真正幸福的無限可能，這兩者的差異太懸殊，是根本無須動用到選擇，就應該直接跳到後者的。

我明白，因為你覺得很「可惜」，可是幸福的重點並不是可惜，而是「珍惜」，並不是放下這份感情有多可惜，而是只有被珍惜的感情，才有可能成為真的幸福。

我懂，你只是想再多聽聽更多人的分析跟建議，但會成立幸福的真正關鍵，並不是「建議」，而是「選擇」。旁人的建議再多、再好，也不會讓你幸福，是你後來做出的選擇，才會讓你真的走上幸福的路。

光做選擇這件事情，對我們來說就深具意義了！選擇，會讓我們先理清事情的重點，更清楚那件事情的本質；選擇，意味著你不再把選擇權交給別人，你會自己承擔，你會開始長出自己的肌肉。

選擇，就是我們成為大人的過程。

選擇，從來都不會自己發生，也只有當我們自己做出選擇，那個選擇才會有它的意義。因為那是你的人生，而我們每個人，都應該對自己的人生負責。也只有當我們做出選擇，才會知道接下來的人生，應該要努力的方向。

沒有人的選擇會永遠都是對的，可是努力想要讓自己幸福的決心，永遠都是「對」的！那就是你永遠會堅持的「對」的方向，

只要方向對了，接下來一路上所有的錯誤就都會是我們學習的過程，你只要決心走上朝向幸福的道路，就算再辛苦、再曲折，你也一直都還在朝向幸福的路上。

我知道這些道理你都懂，也都是你的心之所向⋯⋯

首先，先為自己，做出會幸福的「選擇」吧！

就算他不是他了，
可是你還是你

人生有時候會很難，
世界也不會總是良善的。
你也許會暫時停下腳步，
但你絕對不會忘記曾經答應過自己的話。

就算失去一切，
你也不會失去自己，
你想要的人生，
還有那個你想成為的人。
就算失去愛，
你也不會失去跟自己的連繫，
你還有的那個夢想，
你想要在愛裡面擁有的幸福。

就算他不是他了，可是你還是你。

停下，是為了再一次傾聽內心的聲音。
休息，是為了走更長遠的路。

你會迷惘，但不會迷失。
你會傷心，但不會失去相信。
你只是暫時休息，夢想還在前進。

你不是錯過幸福，
你是終於看清楚了，那真的不是幸福

你很早就聽過「海市蜃樓」的故事，你覺得神奇，你相信那是真的，這世上真的有那種幾可亂真的幻象，有機會你希望可以看看。

其實，你早就已經見過了，那就是你正在走出來的那場感情，那個人已經用行動證明那份幸福是虛幻的，可是你還是不肯相信。

可能是因為那個故事的過程太動人，所以我們才會暫時還離不開，還想在那些美好的回憶裡徘徊；也可能是因為我們太想要幸福，所以我們才無法接受，明明已經看見的幸福，為什麼後來會變成這樣？!

你很容易會先責怪自己，覺得一定是因為自己做錯了什麼，才會搞砸了這份感情。你從各個角度嚴苛地檢討自己，扼腕著那

份幸福的失去……你是在那片無垠的遺憾荒漠裡，為難了自己多久，才開始懷疑：也許那場「幸福」根本就不曾真的存在過？!

關於那段感情，也許這才是更科學的推理。並不是因為你很看重允諾，所以別人也會同樣地重視承諾，這世界本來就有一些人，把「勾勒」幸福當成快樂的過程，對他們來說，勾勒只是一種「快樂」，並不是「承諾」。他跟你最大的不同是，你會永遠記得那個承諾，可是他可能一轉身就忘記了那次的快樂。

並不會因為你很認真，所以別人就一樣會對愛誠懇，你用心經營的感情，也可能只是他的一場遊戲，所以他的突然離開，並不是因為你不夠好，而只是因為他失去了遊戲的熱情。

那就是我們對愛的學會，愛的學習不會都只是正面的，它會讓我們快樂和溫暖；可是它有時也會用殘忍和傷心的方式，讓我們更能夠深刻地記得，這世上就是有一些喜歡浮濫地說愛的人，那些你在前進的路上所收到的愛的訊號，並不是都是真的，它們絕大多數，都只是雜訊跟干擾而已。

那才是你真正親眼所見的科學證據，那些後來會消散的，都只是幸福的假象。

消散的幸福不會再回來，就算再回來，也只是那場幸福的再

一次假象而已。

　　尋找幸福，就是穿越那一場場假象的過程。你難免會在過程裡遺憾，甚至氣餒，然而讓我們遺憾跟堅定心志的，正是同一個原由：為什麼「幸福」那麼難？

　　是的，就是因為幸福那麼難，所以才會那麼動人而珍貴；就是因為幸福已經不容易，所以我們才不要自己再讓它更困難，在不可能的地方，要尋找幸福，就注定會比登天還難。

　　每個幸福，都有它的不簡單。每個終於走到幸福的人，都有他在路途中所見過的奇幻風景。你走過那樣的路，見過那樣的假象，你曾經在那個幸福的幻象裡走不出來。你已經學會，下一次，你會直接穿越；你已經知道，你不是錯過幸福，你是終於看清楚了，那真的不是幸福。

別讓傷心
限制了你的想像

跌過跤再站起來的人，
學會的不會只是走路，而是最珍貴的勇敢。
在感情裡受傷的人，最終不會只是復原，
而是發現了更多的自己。

別讓傷心限制了你的想像。
你不會只有一種身分，你還有無盡的可能。

你可以很不一樣，曾經流淚的眼睛，
後來也可以看見美麗的花園。
你可以很不一樣。
曾經破碎的心，也可以再被幸福充滿。

為了前方的風景，為了更好的可能，
當你勇敢往前走，世界就開始不一樣。

有事、沒事，都是幸福的事

「角子，我的伴侶情緒管控能力很差，一生氣就會暴怒，並且遷怒，用言語羞辱我，每次吵架後也習慣對我行使冷暴力，一定要我低頭認錯，才會原諒我，在那個時候我是完全感受不到他的愛的。也許聽到這裡你會覺得我們不適合，可是平常『沒事』的時候，他又對我還不錯，彼此互動也都良好，所以我一直很猶豫，究竟還要不要繼續這份感情？」

你一定是一個很重感情的人，所以你才會遭受了他的言語暴力之後，還能提醒自己，其實他在「沒事」的時候也是對你很好的；也因為重感情，所以你的感情一定也是很細膩的，你越珍惜你們「沒事」的時候的快樂，當他「有事」時的無情，就會越讓你傷心。

最讓你傷心的，是那些「有事」跟「沒事」的標準，全是由他來決定。沒有具體的準則、沒有事前的徵兆，當他翻臉的時候，

你會以為遇見的是另外一個人，不是陌生人，而是比陌生人更冷酷無情的仇人。

　　他不擔心你會傷心，不害怕你會失望，甚至可以在氣消後，彷彿那一切從不曾發生……那不是你的人生會出現的邏輯，你很不想那麼想，但那個推論卻最接近事實，那就是他不在乎。如果你膽敢一而再、再而三地傷害一個人，不管你的原因是什麼，唯一的心態就是「我不在乎會失去你」。

　　當他氣消的時候，當他又開始沒事的時候，那些你用來寬慰自己，他也還不錯的時刻，其實也只是一個正常人該有的表現而已。那個隱沒在他身體裡的情緒野獸，並沒有被藏得太深，他沒有後悔、也從未遲疑，只要隨便一點事，就可以瞬間炸裂竄出，再對你張牙舞爪起來。

　　情緒管控能力不好，並不是一個缺點而已，而是一個全面的態度，那就是他不懂得尊重你。不懂得尊重你的人，一定無法跟你好好溝通，也不會珍惜這份感情的。

　　「沒事」是他餵你吃的檸檬糖，「有事」是表面那層糖衣褪去後的心酸。「有事」是他從不掩飾的昭然若揭，「沒事」是你繼續騙自己留下來的理由。

幸福不會是猶豫的，幸福是確定的狀態。幸福不會分成有事跟沒事，幸福是確定的彼此尊重跟珍惜。

「沒事」是所有戀人都會走過的過程，只有在「有事」的時候才能驗證那些走過的成果。你感謝那些沒事時的快樂，但你會更珍惜那些有事時的包容與體諒。

別捨不得那些「沒事」，你應該更在乎那些「有事」。因為人生不會一直沒事，只有能夠跟你一起好好「有事」的人，才能陪你走過那些生命的風雨，走上幸福的路程。

有事、沒事，都是幸福的事。

真的幸福，
從不會讓人懷疑和猶豫

你還是會想起從前，
你懷念那些美好，也害怕那些傷痛。

關於從前，你不是沒有等過他，
當時等不到的感覺，
就算再來一次，
他也還是無法給你的。
關於未來，
你在那一份感情裡最深刻的學會，
就是你以後再也不要委屈和強求。

幸福是確定的感受，而不是搖擺的感覺。
如果你的感情只是從一場寂寞，跳到下一場寂寞，
還不如先一個人好好生活。

你的感受，會告訴你他是不是對的人。

對的人，會讓你不再害怕愛。

對的愛，會帶你去新的地方。

真的幸福，從不會讓人懷疑和猶豫。

你真正需要的是時間，
而不是方法

「角子哥，我知道這個人不可以，也知道這個人不會再回來，可是我怎麼樣都放不下，看了心理醫生，也努力去運動，但好像越想忘記，就反而會越想他⋯⋯我該怎麼做，才能忘記這一切呢？」

我看著這封信，看著這個癡情的男生坦承著自己的脆弱，就像所有懊惱著自己做不到的人那樣，你試過許多方法，生理的鍛鍊、心理的諮商，你覺得無效，但其實你還是默默地不一樣了⋯⋯

起碼，你看待那份感情的角度不一樣了。

你從還在等著，到現在確定他不會再回來，你甚至還會有點慶幸，這份感情終究還是結束了。你從一開始的無法接受，到現在你也真的覺得，你們並不適合。

是的，你已經不再騙自己了，而當我們不再為對方找理由，事情就會越來越清楚。你不斷地回到過去，從一開始單純地緬懷，到後來的努力想放下；從一開始輕易就陷入回憶，到現在也偶爾會開始眺望，前方幸福的到來。

　　難免，會在努力前進的時候，又一腳踩了個空。難免，會在那些看起來已經好了的部分，發現原來還有傷口還沒全好。難免，就會在那些都已經跟自己說好的問答裡，又突然從心底冒出的那幾個問句：「為什麼他可以這麼狠心？」「為什麼他可以做到真的都忘記了？」瞬間又直擊了你的軟肋……

　　可是你的淚也已經可以做到寂靜無聲，也可以做到抹乾眼淚，然後告訴自己：因為他不是你，所以他可以做到這麼絕情；因為你不是他，所以你永遠都不會懂他的心態。

　　是的，那就是你的進步，你已經不會再用別人的選擇，來為難自己；也已經不再用別人犯的錯，來折磨自己了。

　　於是我想你也應該先謝謝自己，在同樣一條叫做「走出來」的路上，有的人任性、揮霍情緒，可是你沒有，那是你每一個分秒的扎實走過。你傷心，可是你也不斷地鼓勵自己；你沮喪，但是也從來沒有丟掉過相信。所以後來你才能真的從那裡走到這裡，所以後來你才真的得以驕傲地回頭，用現在的自己，去看見

當時那個最慘的自己，原來真的已經很不一樣。

　　親愛的，你不是只有走過，你是把那條路上的沉澱和學會，都走成你生命的厚度了！你不是只有忘記，你是又看見了更多的風景，又看見更大的世界了！

　　也許是那些方法，真的讓你變好了；也可能是在你按部就班地實現那些方法的過程裡，又看清楚什麼了。它們的共通點都是「時間」，再好的方法，也需要時間去練習；最真切的體會，也只有時間可以淬煉。

　　親愛的，你已經做得夠好了，也已經正在變得更好了。真正讓你變好的，是你的心，是那顆相信自己值得幸福的心。所以，你此刻需要的已經不再是方法，而是時間，我相信你一定會幸福，也相信你一定可以做到。

你等待的再也不是別人，
而是一定會越來越好的自己

因為還在傷心，
所以你很容易就忽略，
其實你已經比昨天又好一點了。

最苦的你都嘗過了。
愛一個「你愛他」比「他愛你」多很多的人，
嘗過一個人的等待，
嘗過最後連一個理由都沒有的，
一個人地走出來。

你沒有靠誰，你是靠自己走到這裡的。
你是親眼看見了，
原來你真的可以不必靠別人給予，
也可以朝自己想走的地方去。
你還在努力，你不會後退。

你都已經走到這裡，
就絕對不會功虧一簣。

身體一定很累，但沒有關係，
因為你再也不是空轉，
你知道自己遲早都可以走到那裡。
心雖然偶爾還是會疲憊，但那很值得，
因為你等待的再也不是別人，
而是一定會越來越好的自己。

最 重 要 的 那 一 年

「其實,一直有個小說夢。」

　我在咖啡廳裡,對著香港來的一個老朋友說。

「那就寫啊!」她一直很支持我。

「而且我連小說的名字都想好了,是有一個人,在二十歲那年發生的真實故事。放在心底幾十年了,一直想寫,但也一直被新的事情耽誤著。」

「那至少先把它們的重點記下來,人會老,會忘掉耶!」朋友提醒著我。

　於是那天晚上我就真的開始在回憶了,要試著把那些還記得的,記下來。

我承認，是我先喜歡你的，是的，我就是在芸芸眾生裡，第一眼就看見你了！你沒有看見我，就算你看見我，你也不會把那份感覺當成是喜歡。我很清楚，也有自知之明，所以我儘管迷戀，儘管每次只要又看見你，就會產生許多想像，但我也沒有招惹你，我知道那只是片段的緣分，八個月後，我就會離開這裡，然後也許可以，終生不再想起。

搬去你們的寢室，算是招惹你嗎？當你喜歡一個人，然後連命運都幫你，而你只是沒有拒絕，順勢讓命運把你帶到他身邊，算是招惹嗎？

也只有在多年後回想，才明白，其實故事早就開始了，從我見你的第一眼，甚或更早，那是從我出生，我所經歷過的一切，形塑了我的喜歡、我的學會，都是為了在人群中認出你。

「今天晚上休假，要不要一起去屏東市看電影？」我還記得那個下午，你在龍泉燦爛的陽光裡對我說，這應該才是這個故事的正式開始吧！還是，這其實也只是你的信手拈來而已。

「抱歉，今天的電影很難看。」你在電影散場的時候對我說，我笑笑沒說什麼，那部電影叫做《卜派小子》，的確是我平常不會看的電影，但那真的沒有關係，我只要能在你身邊就可以。

從屏東騎車回龍泉的路很遠，已經將近午夜了，我在摩托車後面偷偷地打瞌睡，有好幾次差點從車上掉下來，「再撐一下，不要睡著了，很危險。」好幾次你回頭提醒我，「好了好了，快到了！你看，當看見那個瞭望臺的燈火的時候，就是快到家囉！」我在你的形容裡醒來，然後並不是把重點放在「瞭望臺」，而是「家」。

　　我知道「家」的意思；而你確定你知道嗎？

　　我沒有問，也沒有資格問，我只是在後來又繼續答應你的邀約，下班一起打羽毛球、放假一起去郊外玩、去看拖曳傘、去海邊游泳⋯⋯是我太會感覺還是它們真的太深刻，每一件跟你一起去做過的事情，我都可以說成一個長長的故事。

　　是我太貪心，我不是跟你一起走過而已，我從來都不是在旅程結束後就收手，我還任憑著自己的思緒與想望，永無止境地蔓延⋯⋯

　　「我知道這注定是一個悲劇。」
　　我還記得自己當時在日記上這麼寫著。

　　可是我就任由那個悲劇繼續下去了，因為那個悲劇很甜，因為那個悲劇裡面有太多可以努力的證據，那是第一次你在爬山跳

上高坡的時候，突然轉過身來拉我；那是第一次你因為我幫你用電腦打了很美的報告，突然抱著我旋轉；那是你第一次帶我回臺東老家，我被熱情的部落鄰居灌了一大杯白蘭地，然後醉倒在火車站，醒來發現跟你一起睡在火車站旁的小旅社⋯⋯

而我終究還是退卻了，於是我跟你說：「我們單位又有空床位了，我想搬回去了。」你有留我，說這裡住得好好的，為什麼要搬回去？我沒有讓你說太多，如果我們對愛都不夠勇敢，那我們都沒有立場多說什麼，對不對？

又或者，是我太害怕自己的勇敢了，我害怕自己接下來的無法收拾。

那個傍晚，我拿著宿舍裡的東西，要離開這間寢室了。

「那邊寢室的書架太小，我這些書先放在這裡，等我退伍的時候再一起搬走好不好？」我說。

「你就放著好了。」我聽得出來你的不高興，「這樣我以後才能帶著這些書去臺北找你。」

這究竟是你的勇敢，還是我的勇敢呢？這究竟是充滿勇氣的一句話，還是聽了以後會讓人勇氣倍增的話呢？總之，我又留

下來了。

　　那也是我後來才慢慢學會的，原來證據從來都不等於承諾，當愛結束，證據就會在心底變成諷刺；當你最後選擇的人不是我，那些承諾，就變成我單方的重擔，而我注定要帶著它走去天涯。

　　是我提的分開，而我最後開口跟你要的尊嚴，其實我早就沒有了。在開車送我去車站的路上，我跟你說：

　　「你可不可以答應我兩件事情？」

　　「什麼事？」問我。

　　「第一，將來不管發生什麼事，或有任何再充分的理由，都不要再來找我了。」我說。你靜靜地，沒有回答。

　　「第二，我希望這就是你我之間的事情，尤其是不要跟她說。」我其實更想說的是，不要拿我們的故事去交換任何秘密，尤其是對那個你後來選擇的人。

　　「我們就這樣？」你說。

　　「對，就這樣。」我說。

謝謝你在車站跟我道別的時候有回頭，但那不意味著，你就沒有狠心丟下我。而我也不是只有「就這樣」，我是一路忹忹地盯著野雞車的車窗，終於在五個小時後回到了老家，我直奔上頂樓的佛堂，拿起杯筊，跪下來問菩薩：「我們還有沒有緣分？」一個、又一個聖杯……連續第六個聖杯出現，終於我撲倒在地上大哭出來。

　　事實是，我們真的還有緣分。

　　印象最深的那次是你們一起來臺北，我說那很好，我請你們吃飯啊！當我第一眼見你的時候，「你變胖了喔！」我像一個久別重逢的朋友那樣開頭，用大到足以讓比較晚走出車子的她也聽見的音量說。

　　光是這一句問候，就讓我練習好久，我要告訴自己好多好多：都過去了、也許真的就只是這樣而已、而我也在開始新生活了……

　　然後就在你去上廁所的時候，我不知道她為什麼要這樣，當著我的面，把你和她的餐盤交換，明明都是一樣的套餐，我不知道她為什麼要互換，馬上吃了一口你的飯，然後笑咪咪地對著我說：「我們經常都是這樣！」

在那一刻我就明白，你還是跟她說了。

你是在什麼情況下跟她交換的呢？交換了以後，她有沒有更愛你呢？你有沒有順便跟她說，其實你留過我，是我提早退出？還是，你有沒有再多說一點，後來你經濟拮据的時候跟我開口，我都是毫不猶豫就把錢匯過去，而我當時其實也才剛出社會而已。

原來，故事從來都不會只是結束而已。在結束之後，故事還會以其他的方式被傳述，只是傳述的人啊，你有沒有記得，你也曾經在那個故事裡。也許於你，你只是那個故事的一部分；於我，卻幾乎是人生那段時光的全部了。

那一年，我的歡笑是因為你，寂寞也是因為你，我記憶的陽光下有你，風雨裡想要尋找、想要保護的，也全是你。

還有那些在那一年之後的日子，在那些我以為已經好全的日子裡，還是會因為一部電影、一首歌、一個故事的觸動，而眼淚潰堤，全世界也只有我自己知道，原來那就是那個故事的珍貴，而且再也不需要你的認證，只要我自己覺得就可以。

在那些我盡力迴避你的後來，其實我找過你，我在那個深夜突然想起你，然後發現這個時代已經有了臉書，可以讓故人暗自

尋訪。我很快就找到你，我看著你現在的樣子，看著你不怎麼樣的後來，沒有一篇發文裡有她，我很早就聽說你們結婚後感情並不好，貧賤夫妻百事哀，約莫就是這樣的意思。我還看見了你那些怨天尤人的記述，看見你的菸，還有酒。

親愛的，你是怎麼把自己活成這個樣子的？!

當時我給不起的祝福，在走的時候，我都透支地給了。而你明明是從下一場快樂開始的，為什麼沒有好好珍惜跟把握？!

如果當時的我留下來，後來我們又會變成怎樣呢？

其實答案我也早就知曉，你不會變得更好，因為我太縱容你，只有我會變得更糟，因為我會留下來等你，在人生的每一個該努力前進的階段，我會停下來，甚至假裝不在乎，只為了等在我身後的你。

那是當時你直接走向的快樂，那也是我當時獨自帶走的悲傷和徬徨，也許當時那方的你在快樂的天堂，而我正走過地獄，地獄不是只有單一的痛苦而已，真正的地獄是你要邊想念、邊遺忘；邊告訴自己要向前，可是卻在一個又一個的夢境裡回到從前。每一步都撕裂心腸，每一天都恍如隔世。

可是我到底還是走過了，我還是在後來那些站起來又跌倒，跌倒了又站起來的過程裡，一步一步地走出了我的夢想和世界。

後來，我連你教會我抽的菸，都戒了。

也許現在我也真的可以說，離開很傷，可是當時的離開是對的。所以後來再站起來的我，才有足夠的勇氣去尋找、也再去受傷；才有足夠的學會，就是不管再怎麼樣，都不要忘記自己。

並非每一個走出來的故事都充滿勵志性，我沒有馬上轉運，我努力的目標並沒有瞬間抵達，我是一直走到四十二歲了，才終於遇見了那一個懂得我的好的人。

所以，才更懂得珍惜。

那些當時你說過要帶我去的地方，我們都去了。連那些我們在青春的當時，所沒有想過的風景，我們都陸續走過了……

最深刻的，還是那些我依然可以保有的一個人的走過，我在兩個人的世界裡自在，也依然保有一個人的自由，那是我一個人的日升月落，那是我在一個人的回憶裡的花謝花開，而我在那些花開花謝裡，經常還是會想到你。

從前不明白的想念，現在我已經明白，其實我真正想念的，是從前的你，還有當時那個奮不顧身的自己。

而當時拚命想痊癒的傷，我現在也已經懂得欣賞，原來就是那些走過的紋路，才替我們的人生註記了意義。

我沒有想過再見，因為再見已經不會再有新的意義；我甚至連再回去尋找那個記憶中的龍泉，都只是動念，而未曾真的啟程。

可是啊，在記下這些過程的時候，還是需要偶爾仰頭大口呼吸，還是會用五十歲的眼淚，再哭那場二十歲的愛情一次。

而當時哭的遺憾，現在也已經變成淚著了解了。

親愛的，我還記得在那條漆黑的小路裡，遠方瞭望臺的燈火；我還記得，在那麼炙熱的青春裡，曾經跟一個人，有著共同要奔赴的方向。

那就是我生命裡，最重要的一年。
我後來的人生，就是從那裡開始的。

終於，我蓋上電腦，記錄下了這些片段的重點。也許，這是一本永遠不會被寫出來的小說；又或者，其實我已經在記憶裡用各種角度與氛圍，書寫過它千百次了。

喔，我想你應該已經知道那本小說的名字。

那你呢？
什麼是你，最重要的那一年？

在那一年裡，你愛上了一個人，你們一起去做了好多事，你
生命後來的許多決定與改變，都是從那一年開始的。

你在那一年裡，是跟誰，一起完成了那個你會用終生去回憶
的故事？

第 4 章

最好的自己

每一次
當你又對自己說到做到
你就成為了更好的自己

每一次

當你又對自己說到做到

你就成為了

更好的自己

你不是為了要證明給誰看，
你是為了自己，才努力變得更好的。
沒有人會讓你更強，
是你決定讓自己更強大的。

努力去發現，更多的自己。
遇見更多的人，看見更大的世界，
因為你值得一個豐富的人生。
為了自己的目標而努力，
就算暫時挫折了，
也相信自己一定可以做到。

你知道自己要去哪裡，
你知道自己正在完成夢想的某一個部分。
每一次，當你又對自己說到做到，
你就成為了更好的自己。

先找到對的自己，
才能找到真正對的人

「角子，我真的很努力了，為什麼我總是找不到對的人？是我運氣不好，還是個性上有什麼問題？」我看著這封來信，不只讀到他的問題，還有語氣裡的無奈跟傷心。

是啊！你的條件並不差，有一份工作、有一些計畫，人生除了感情，都有很穩定的進展。你知道那並非貪圖，一個努力向上，也願意對愛負責的人，要一份正當的感情，為什麼會那麼困難?!

每一次，當你又決定投入一份感情，你總會有一種不祥的預感，最後證明你的預感就是萬事不準，只有「感情」準！每一次，當你又重新退回到一個人的世界，你總有輸掉一切的感覺，你不是只有失去他，你還失去了對自己的相信。

「我一定是不夠好，才無法讓他喜歡」「還是我本來就沒有遇見幸福的命呢？」你明明是遇見了不對的人，可是最後你總是把

所有的不對，都歸咎於自己。

　　你一直想找「對的人」，可是你想過什麼才是真正「對的人」嗎？我們都想要幸福，可是每個人描繪出來的幸福，都不會完全相同，所以每個人想要的「對的人」的標準，也都不會一樣。

　　所以，要找到「對的人」的標準，還是要先回到「對的自己」。我們真正應該在事後思考的，並不是把所有的問題都歸咎於自己的不對，而是應該去探索什麼才是真正「對的自己」，試著依序問自己以下這三個問題：

　　什麼才是我真正想成為的人？
　　所以，什麼才是我真正想要的愛？
　　所以，什麼才是我真正需要的人？

　　這三個我們早就該問自己的問題，卻經常會在一次痛徹心扉的傷心後才終於面對，那很正常，因為也只有在那場傷心的沉澱之後，我們才會有真正的答案。

　　在一場愛情的結束之後，我們經常執著在傷心，專注在遺憾，卻忘了「愛」其實真正想告訴我們的：什麼才是我們真正想要的幸福？什麼樣的人，才會是值得你去爭取跟付出的「對的人」？

幸福不是盲選，不是遇見了每一個有感覺的人，都值得你去發生；幸福更不是運氣，不是你遇見了一個人，就要開始祈求上天，讓你的願望實現。幸福是一種確定，是你很清楚地從自己的需求出發，他也許是，那當然最好；他也可能不是，但即便如此，你也沒有回到原點，每一次的挫折，都會讓我們更清楚什麼才是真的「對的自己」，更確定什麼才是我們真正想走去的路。

每場傷心，都是我們尋找自我的聖雅各之路，不要省略掉那段珍貴的路程，你一個人在那條路上的思考和收穫，才是那場愛情最珍貴的寶藏。更不要因為害怕寂寞，而急著跳入下一段感情，如果你沒有在這場傷心裡看見更清楚的自己，那同樣的問題、同樣的錯誤，一樣會發生在下一場愛情裡。

「沒有得到，就要學到。沒有學到，就會一直遇到。」套用這句我經常在直播裡說的話，我想說的「學到」，並不是從那個不能給我們幸福的人身上學到什麼，而是學到認識更多的自己。

你會先找到「對的自己」，再用對的自己的標準，去尋找那個「對的人」。也許就是下一次，也許還需要再幾次的摸索與調整，才能遇見那個對的人，不管時間還要多久，都沒有關係，也都不是我們所能確切控制的。

可是你的「幸福」，已經再也不是鎖定在「結果」，不是你

遇見了那個人，就得到幸福；然後當你失去他，就叫做失去幸福。

　　你現在的目標，是在成為那個你想成為的自己，每一段路、每一步，都走在你想成為的路上，你知道自己的改變、知道自己的可以與值得，那個踏實的感覺，就叫做「幸福」。

　　你會一直走在幸福的路上，再也不是因為別人的給予，而是百分之百來自於你給自己的幸福。

　　先找到對的自己，才能找到真正對的人。

　　你會越來越清楚自己，不將就、不妥協，去遇見那個真正值得你努力與付出的人。

你可以等。

等更好的自己，等更好的那個人

你會好好保護自己，
不會為一時的快樂所迷惑，
就忘記，幸福是更高的標準。

你真正想要的伴，
不是只能共度浪漫滿屋，
還要能夠一起經歷風雨。
你的夢想，始終在持續進行，
是跟一個真心人在人生路上的雙向奔赴。

你可以等。
等更好的自己，等更好的那個人。
你接受這段孤寂，
用堅持，去匹配值得的幸福。
淚水換不到，只有汗水才能真的換到幸福。

你不會白等，
你會從容享受這些過程。
幸福，就是所有走到的路程。
你正在越來越好，
那就是最好的保證，
你一定會得到真的幸福。

你這輩子唯一的主人，
是自己

　　「角子，我曾經以為可以跟他白頭偕老，直到他跟我說他愛上別人了，要跟我離婚。說真的，這十年的婚姻，我沒有進步，只有一路失去自信，一直被他嫌笨，家事沒做完，就算生病也是放著等我病好了再去做，說我工作能力不好、廚藝不好、床上技術不好，全身上下沒有任何一個優點……我壓力大到，經常躲在公司、家裡的廁所拔頭髮，覺得自己是一個很糟糕的太太……」我讀著這封來信，突然心很酸，那也是許多人，都曾經待過的一個不對等的關係吧！

　　並不是因為軟弱，而是因為你很珍惜他做過的那幾件事情，那些也許只是他信手拈來的完成，對你來說卻深具意義，於是你將感謝放在心底，隱忍他對你的評斷；也可能是因為你的善良，對比他總是拿著放大鏡檢視你的缺點，你跟他不一樣，你在一開始就先看見他的優點，並且被它們深深吸引。

你詫異過他直白、甚至暴力的言語，但你很快就把它們解讀成那是為你好，不然他應該早就離開。

於是，你努力讓自己變好，以為只要你變好了，你們就會幸福。結果是，你不但沒有變好，反而越來越沒有自信，你越遵照他的標準，就表現得越糟；越想討好他的喜歡，就越不喜歡自己。

你當然永遠都不會變好。因為自卑的他，只有藉由不斷地貶低你，才能讓他覺得自己好；他永遠都不會承認你的好，因為只有那樣，他才能繼續對你進行批評與控制。

他完全知道你要什麼，他完全清楚你的脆弱。所以，他偶爾也會對你好，尤其是在那些貶低之後，那不是愛，那只是他安撫你的方式；他偶爾也會給你鼓勵，會說即便你如此糟糕，他也還是愛你，那不是愛，那是他用愛的重量，又把你貶得更低的手段。

「我忍受他對我動手、忍受小三的謾罵，在某個晚上用已經哭到受傷的眼睛看著床邊的孩子，突然發現我這樣自以為堅守的愛，不就是給孩子一個最壞的示範嗎？讓她看到媽媽的懦弱與沒用！」終於她在小孩的眼底，看到了自己。

沒有人可以評判你的人生，因為你想做到的，跟你正在成為的，只有你自己知道。沒有人可以成為你好或壞的指標，因為在

你的人生裡，「你」才是主角，所以必須是他要先符合你的標準，而不是你必須單方配合他，去變成他想要的樣子。

你還是會為你人生的「對」而驕傲，也願意為你人生的「錯」而負責，因為那就是人生，那就是我們每個人都會經歷的對與錯。

可是你再也不會接受那些似是而非的邪說，尤其是那些以愛之名，包裝過的自私與控制，你再也不會允許那些惡魔以天使的名義，出現在你的生命裡。

「角子，我以為離婚會很痛，但我竟然覺得鬆了一口氣，我真的懂了，真正愛妳的人是不會貶低妳的，我會加油，我要先開始努力學會愛自己……」她在信的最後說。

我知道她已經開始了，而且也已經真的做到了，那就是每個愛自己的人，都一定會為自己做到的：

你這輩子唯一的主人，是自己。

成為一個自己喜歡的人，
就是最好的自己

你不是因為贏過誰，
才覺得成功。
你是因為比從前更靠近夢想，
而覺得自己很棒。
你不是因為收到讚美，才肯定自己。
你只要真的盡力了，
就足以為自己感到驕傲。

你越來越清楚自己想走的路，
經常給自己鼓勵跟分享。
你一直走在自己的路上，
寫自己的印記，為自己發光，
成為你想成為的人。

你一直在完成自己的人生，

做你想做的事，成為有意義的人，
讓自己也成為這世界美好善良的一部分。

自己懂，自己明白，就夠了。
你會越來越喜歡自己，
每一天，你都在變得更好。
成為一個自己喜歡的人，
就是最好的自己。

Vol.5

你要找的是一個同行的夥伴，
還是一根拐杖？

「角子，我是那個前陣子跟你分享過喜悅的女孩，我在失戀後的幾個月裡遇見他，我以為他是我終於遇見的幸福，沒想到他上個月突然跟我提出分手……最近同事介紹一個朋友給我，他大我十歲，我對他沒什麼感覺，但是家人都鼓勵我，說這種事業穩定的，才能真的給我幸福，你覺得我應該繼續跟他交往嗎？」

我在看這封信的時候，心底一直在修辭，我在想要怎麼讓這個問句看起來更優美一點：

「你要找的是一個同行的夥伴，還是一根拐杖？」

你呢？在幸福的路上，你要尋找的，究竟是「一個同行的夥伴」，還是「一根拐杖」呢？

如果你的答案是「一根拐杖」，可以把身體的重量放在它身

上，這樣你就會輕鬆很多。既然是拐杖，那就可以暫時將就一下，木質的、金屬製的、強化塑膠做的都可以，長度也不用太講究，就算差個幾公分也沒有太大的關係，就先湊合著用吧！

在幸福路上，如果你要找的是一個「同行的夥伴」，那你就得審慎評估，因為選錯了夥伴，不但糟蹋了那段旅程，最終也到不了幸福。

找一根拐杖，會比較快輕鬆，你可以倚靠著它去許多地方，可是你越依靠拐杖，就會越失去自己行走的能力，直到你再也不相信，自己是有獨自行走的能力的；找一個夥伴，過程當然會比較寂寞，可是旅行過的人都知道，一個人跟兩個人的旅行是不一樣的！一個人的旅行是清朗，是內心清明而沉靜，而當你一旦享受過那樣的快樂，你便不會將就，一定要遇見更好的另外一個人，你才要把珍貴的人生拿來跟他走在一起。

找一根拐杖的人，即便擁有了拐杖，他們也經常陷入擔憂，因為他們會害怕失去拐杖，從此再也無法走路。所以當他們失去了一根拐杖，他們便急著要尋找下一根拐杖，不管適不適合，先能用就好了；而要尋找一個幸福路上的夥伴的人，他們從不急躁，因為他們知道，我就是幸福，並不是因為別人的給予才能成立。

幸福並不是「遇見」，並不是遇見了誰，你才會幸福。幸福

是「走過」，是你跟前方那個人的各自走過，是那些經歷過風雨的歷練，才讓你們最終足以給對方，真正的幸福。

尋找拐杖的人，會把本該自己承受的重量放在對方身上，形成一種「需索」的關係，直到對方再也受不了，最後斷裂，一起受傷；尋找夥伴的人，心態是「互相支持」，不只期待對方，也期許自己可以成為對方期待的人，一起成長，越來越好。

「你要找的是一個同行的夥伴，還是一根拐杖？」最後我決定不做修飾，就把這個問題回覆給這位寄信來的讀者。我相信越簡單的問法，可以越容易得到正確的回答。

「你要找的是一個同行的夥伴，還是一根拐杖？」

那你呢？你的答案是什麼？

我相信，你應該很容易就可以找到最正確的回答吧！

你不是誰的附屬，
你是獨一無二的存在

也許那就是你在那場傷心後，
最棒的學會。
從相信別人，到相信自己，
相信你真的可以做到，
相信你值得更好的對待。

傷心，
就是你對自己最深刻的探訪。
你真正應該做到的負責，
是對自己負責。
你不是誰的附屬，
你是獨一無二的存在。

真正的成長，並不是看清楚對方，
而是看清楚自己。

你不再以他的悲喜為悲喜，
你要優先察覺的是自己的感受。
你想成為一個什麼樣的人？
你想要的是一份什麼樣的愛？

從「自己」開始追尋，
從「自己」開始幸福。
你是自己的駐守，不再在別人的感受裡浮沉。
你只有先找到真的自己，
才能真正停止感情的漂泊。

你不是無法再愛，
你是更喜歡自己了

　　「角子，在你的書跟 Podcast 的陪伴下，我好像好得差不多了，也開始去嘗試許多新的事物……我突然發現自己現在對於愛情沒有太大的興趣，也許是愛怕了吧！愛到錯的人真的好傷，我會不會就這樣一直害怕愛呢？會不會，就永遠無法再愛了呢？」

　　「看起來好像真的是……」我開始寫信給他，他自然而平靜的語氣，也感染了我，就像在給一位遠方的老朋友回信。

　　看起來好像真的是這樣，你不再需要愛情了，你開始可以一個人去許多地方，不必再等誰允諾，只要你想去就可以去。最棒的，也不再是那些到達，而是你在過程裡跟自己的對話。你在那些對話裡，看清楚很多、也鼓勵自己很多，你已經衷心地認為，能夠這樣一個人，真的很好。

　　你承認，你偶爾還是會想起那段感情，但是你已經能夠清楚

地分辨，你們最早單純的快樂，和後來你們一起看見的不適合，都是真的；他最初的可愛，和他後來的無情，也都是真的。你接受那些變化，也收下那些感慨，你甚至也可以覺得，你們其實都沒有錯，都是真心愛過，怎麼會有錯；又或許，你們都有錯，他錯在把承諾說得太早，而你錯在又太晚，才願意從那個承諾裡醒來。

　　你努力過，甚至最後還強求過，你已經明白不是每份深情都會有結果，你只希望此後的愛裡再也不要有勉強，你不再勉強別人，也不再勉強自己。你也絕對不會再等，等他想起你、等他回應你的感受，與其把時間留給一個總是讓你失望的人，你現在更想把時間，留給越來越好的自己。

　　你也不會再把自己的悲喜，全然地交給別人去掌握。你要的是此後一起笑、一起哭，你再也不要一個人走在愛情的路上了……

　　「如果你也在我的這些描述裡點頭了，甚至心底也默默地感動了，是的，那就是你現在的心情，那就是你想要的感情……」我繼續寫著。

　　如果你也在我的這些描述裡點頭了，甚至心底也默默地感動了，是的，那就是你還會愛、還想愛，還要去幸福地愛著。

親愛的，你不是不再相信愛情了，你是更知道要慎選了！

你已經明白，不是所有的快樂，都可以發展成幸福。你已經不再想要，那種短暫而浮面的快樂，你現在更想享受的是去成為一個自己會喜歡的人，他一定要懂得欣賞你的喜歡，你才要喜歡他。

你不是無法再愛了，你是更喜歡自己了！

在走過這一段之後，你不只看清楚他、看清楚那份愛的真相，最棒的是，你終於看見自己的珍貴了！那就是你現在的心情，不夠好的，你寧可不要，一定要懂得珍惜你的人，才真的配得上你；一定要跟你一起努力的人，你才要跟他走在一起。

你已經開始享受，
一個人的時光

一個人走過的路程，叫「成長」。
一個人的平靜，叫「自在」。
你已經開始享受，一個人的時光。

一個人的好或不好，
都是你的人生。
一個人的快樂或寂寞，
都是你獨有的旅程。
難免會走進去的執著，
你也會靠自己的力量，帶自己走出來。
偶爾進行一場探險，
你也會提醒自己，除了勇敢，
也要注意安全。

幸福，就是一個人的坦然與確定。

你會好好享受這段時光，
讓這裡是開始，而不是結束。
你會越來越懂得跟自己好好生活，
善待自己，是所有幸福的開頭。

Vol.9

心很定,因為心底住著
一個永遠愛的人

母親節前夕,去看媽媽。這三年,幾乎是每個月都會來,守靈骨塔的大哥,都記得媽媽的名字了。

這是我第一次一個人來,先搭捷運,再坐公車到山腳下,再沿著登山客的路線爬上山,因為我的固執,等不及朋友說下週再開車帶我來。因為母親節就要到了,我想去給媽媽過節,從小到大,媽媽沒有讓我羨慕過別人,沒有讓我錯過任何一個節日。

我拿著蛋糕爬山,即便氣喘吁吁、揮汗如雨的時候,也不曾懷疑過自己的執著,比起每一個媽媽曾經為孩子做過的,這點又算得上什麼?!

這條山路比我想像的陡,也比我想像的長,我一步一步走在石階上,我想起小學時的校外旅行,學校也常帶我們去像這樣的地方。在那個蘋果還只能從日本進口的年代,我記得那是幾十年

前的一顆六十元的蘋果，媽媽會幫我買兩顆，讓我帶去旅行，一顆送給老師，一顆自己吃，那種又幸福又虛榮的滋味，直到現在我都還記得。

後來，當我開始帶著媽媽去旅行，我也開始用那樣的心情買東西給媽媽吃，我們吃過許多國家的水果，媽媽最愛的是日本的水蜜桃和泰國的榴槤，我們吃過許多很好吃的，也上過不少當，但那都無損那趟旅行的快樂，那就是我們母子總是可以一起欣然走過的自然和自在。

媽媽生病之後，她因為會嗆咳無法再吃真的水果，我們會一起走到三總樓下的餐廳買綜合果汁，在露天中庭的座椅上，看著她一口一口地慢慢地喝，每一口都是停格，每一秒都那麼珍貴，那是我們母子最後相濡以沫的一段時光。

媽媽去世後的那個晚上，我夢見她，她又變成從前可以走路，可以跟我一起去旅行的樣子，我看著她驚訝地說：「妳又可以走路了喔！」，「對啊！」笑咪咪地看著我，我突然看見，媽媽的眼尾畫了一隻蝴蝶。

就是在上山的前一天，我在某個解夢的 Podcast 節目裡，聽見了關於夢見「蝴蝶」的解答，專家說蝴蝶在夢裡就是「祝福」的意思。

終於走到寺廟，走到媽媽的塔位前，跟看守大哥借了竿子，把媽媽的門打開。

心很定，可是在跪下來跟媽媽說話的時候，還是哭了。每次來，名目都不一樣，上上次是過年、上次是法會、這次是母親節，我有時候笑著說團圓、有時候會鼓勵媽媽要好好完成清修，可是母親節啊，總是會想哭。

心很定，即便眼淚流淌著。我跟媽媽說，這些妳不在身邊的時光，我經歷了好多事，有些不是初次，也有些是頭一遭，不管曾不曾經歷，都還是會擔憂、害怕，甚至沮喪，可是我會記得，那些媽媽教過我的，樂觀、慈悲還有勇敢，我不會總是很強，可是我知道最後一定都可以努力走過的。

離開前，我把準備好的下午茶點心留給看守大哥。他說每次都這樣很不好意思，我跟他笑笑說再見，這只是媽媽教會我的事情之一，她還教過我好多好多的事情。

下山的時候，風很涼，我走在下山的石階路上，這是一趟看媽媽的旅行，這也是我一個人的人生旅程，即便我是一個人，也從不曾覺得孤單。

山路很長，我還有許多時間，足夠我再想起好多事，好多曾

經跟媽媽一起經歷的事；還有另外許多將來想做的事情。

那是我在媽媽走後，從此心上永遠放著的那個人；那是我從此在面對人生的選擇時，當我需要更多的寬厚與勇敢，就會問問自己的：「如果是媽媽，媽媽會怎麼做？」「如果問媽媽，媽媽應該會怎麼說？」然後我就永遠會有的那個最好的答案。

在山間的微風徐徐裡，我一度以為是錯覺但我沒有看錯，有一隻蝴蝶從旁邊的樹叢裡飛出來，在風裡盤旋、再盤旋，最後落在我的手臂上，我怕驚擾牠，屏住呼吸，一不小心，眼淚蹦出來，感覺那麼溫暖又喜悅。

那就是媽媽，她從來沒有讓我錯過什麼，我知道那就是她想在母親節給我的祝福。

媽媽，我全都收到了。

每一天，都還是會想起妳。

每一天，生命都還是會有新的發生與挑戰，也一定會有新的成功與挫折。

可是心很定，因為心底住著一個永遠愛的人。

Vol.10

你真心地愛過自己，
那才是真的「不負此生」

這一路，你認錯過人，
也被一些人認錯。
你越來越能夠欣然面對，
這條路上的每一場相遇與分離。

從前，你沒有辜負他；
現在，你知道更重要的是，
別辜負自己。
你會欣然面對那些發生，
那些美好的，跟遺憾的，
都是你精采的一生。

你會好好經營自己的人生，
一個人或兩個人，
都是你要被珍愛的人生。

沒有人可以決定，你這一生的價值。
沒有人可以阻止，你幸福的可能。

那個人何時會來，你從不費心去預測。
你會先讓自己幸福，不辜負這趟旅程。
你真心地愛過自己，
那才是真的不負此生。

四 口 之 家

　　我第一次看見 Emily 是在第四本書的簽書會上，當時的她就坐在第一排，看起來甜美、得體，臉上有一抹還在褪去中的哀傷。

　　接下來這幾年，我總是可以在每場讀者的聚會裡遇見她，我們寒暄、聊天，直到那天在誠品座談會結束的簽書會上，我正低頭幫她簽名，突然聽見她跟我說：「角子哥，這就是我們的四口之家！」我馬上抬起頭，順著 Emily 手指的方向看過去，腦子馬上像跑馬燈那樣跑起來，瞬間我就想起了那個「四口之家」的故事……

　　Emily 在國中二年級的時候，爸爸就因為腦中風，突然過世。身為長姐的她，很早就知道將來這個家要靠她，尤其是在爸爸猝逝後，本來就有心臟病的媽媽，還得了長達二十年的憂鬱症。Emily 很早就學會要懂事，很早就學會要靠自己，開始半工半讀，大學畢業前，當大家都在計畫那個最後的暑假要做什麼的時候，

只有她還在那個實習的科技廠工作，她任勞任怨，終於真的做到無縫接軌，在畢業後馬上被擢升成為正職，直接進入那間大公司上班，當收到通知的時候她哭了！她真的從此有能力可以照顧媽媽了。

她在那間科技公司認識了那個大她三歲的工程師，他的本職學能很強，是公司的紅牌工程師，再加上家庭環境優渥，所以給人一種高傲的感覺。跟 Emily 熟的同事都很訝異他們會在一起，他們不認為 Emily 是那種會趨炎附勢的女生，她也的確不是，她甚至知道將來如果跟他結婚，在那樣的大家族裡日子一定會很難過。

她還記得他第一次帶她回家，在那麼多親戚同在的場合裡，他的爸媽，連同那些勢利的親戚們，毫不隱諱地，你一句、我一句直白地問她：「妳爸媽是做什麼的？」「妳爸爸過世留多少遺產給你們？」「妳技術員一個月賺多少錢？」……各種如刀片般犀利的問題，它們有的無禮、有的澆薄，但都同樣傷人，她全都忍住了，微笑而得體地回答了每一個問題。

Emily 長得很甜美，像一個文藝女生，可是她的專業卻是生冷的技術工程；她的意志很剛強，可是她在愛裡就是一個柔順的女孩。在跟他交往的七年歲月裡，她因為愛而忍受這些，他從沒跟她表示過歉意，彷彿那一切的奚落都是理所當然，她連在交往

的第四年發現對方劈腿，最後都因為愛而原諒他。

他們最常發生爭吵的原因，是他覺得 Emily 太照顧媽媽，她把每個月的薪水扣除房租跟生活費後，全部都拿來照顧媽媽，給媽媽買藥、買保健品，她自己幾乎沒什麼存款，他覺得她這樣很笨，都沒有替自己打算。Emily 不懂，她又沒有用到他的錢，也從來沒要求過他什麼，媽媽這麼辛苦，現在她終於有能力了，對媽媽好一點有什麼錯?!

她永遠不會忘記那一天，那是他們交往的第七年，他跟她提出分手，那個分手的原因現實得讓她無法反駁，「因為妳可能有家族的心臟病遺傳基因，這個我爸媽無法接受。」他淡淡地說，他沒有幫她爭取，沒有幫這份愛爭取，他甚至連帶她去醫院檢查的企圖都沒有；Emily 看著他，心寒至極，她知道事情已成定局。

要走的那天，她叫了兩輛計程車，車上是她全部的家當，她告訴自己，這不只是離開他，而是她要從此離開愛情，她再也不要相信任何人了。

她開始在新竹的一個人的生活，她最害怕的，是回家後的一個人，於是她經常在下班後像遊魂般四處晃，她最常待的地方是書店，然後她看見了我的書，開始出席我的簽書會，那就是我第一次看見 Emily 時，她臉上的悲傷背後的故事。

好事總難成雙，壞事卻經常接二連三，起碼當時情緒低落的 Emily 是這樣定義工作上的變化的，她被某位同事連續惡意陷害，處處忍讓的她，最後終於受不了提出辭呈，也都做好要失去這份工作的心理準備了，沒想到公司高層竟然留住她，而且還讓她轉到別的部門，危機經常就是轉機，Emily 反而因禍得福，從此踏入客服工程師的領域。

好事真會成雙，新的部門的同事都對她很好，知道她正在走出情傷，會找她出去玩，還熱心地要幫她介紹新對象。

Eric 就是他們大力推薦的好人，剛開始，他們讓 Eric 自然地出現在大家的聚會裡，後來想製造他們單獨出去的機會，但都被 Emily 拒絕，可是 Eric 並沒有放棄，還是在聚會裡默默地關注著她，他們開始會聊天，但是 Emily 再也不想盲愛，有一次她對 Eric 直白地說：「我再也不想因為寂寞而錯愛了。」

那是她的心情，也是她不斷提醒自己的話，她覺得這樣的話會讓多數的男生打退堂鼓，但是 Eric 沒有，「我明白，我只會靜靜陪伴妳，我希望善良的妳可以找回快樂。」他慢慢地對她說，確定的眼神，像一盞海上的探照燈射向她心底，讓她覺得很溫暖。

另一個因禍得福的契機，是那場車禍，那是 Emily 跟一個女性朋友一起到臺中玩，她們租了一輛摩托車，結果被一輛違規的

汽車撞到，她沒事，可是女同事卻受傷了。她先打電話叫救護車，第二通電話就是打給 Eric，她原本只是想找個人幫忙出主意，沒想到他馬上就從新竹開車南下，協助她處理所有後續的事情。那是她第一次感覺這個世界上真的有人可以支持她，成為她生命的依靠。

那也是她第一次看見妞妞。當時的妞妞七歲，牠吠叫著，拍打車窗，一直想要跟著下車，直到牠看見 Emily，才安靜下來。後來在他們一起開車回新竹的路上，Eric 跟她說，她是妞妞第一個看見沒有叫、也沒有張嘴咬的陌生人，妞妞應該很喜歡她，那一路，妞妞都睡在 Emily 的懷裡。

都喜歡毛孩子的 Eric 和 Emily，再加上妞妞，那是他們從此的鐵三角，他們一起去了好多地方玩，一起做了好多快樂的事情；當然他們也一起走過辛苦，陪著被發現得了乳腺癌的妞妞，一起走過險惡，甚至還曾經在一天內因為緊急內出血而開了兩次大刀，也就是在那段抗癌的過程裡，跟妞妞緊密相處的 Emily，發現自己竟然可以讀懂寵物的心意。

她讀到了牠的強悍和勇敢，牠已經把 Emily 當成媽媽，牠說牠會加油，牠還想跟爸爸媽媽在一起。

在妞妞成功抗癌的第二年，他們有了第二個毛孩子，叫做妮

妮。他們的日子過得很平常，卻很深刻，鑴刻那份感情的，是他們對彼此的用心。

Emily 不會刻意過節，連生日都覺得只要有蛋糕吃，就很開心了；可是 Eric 愛過節，他會在節日安排他們四個的旅行，會送她一些很用心的禮物，她收過最喜歡的禮物之一，是一個特製的風車音樂盒，上面是他們四個的照片，音樂是張學友的歌〈每天愛你多一些〉，他說那是他想對她說的話。

Emily 對家人跟狗狗都很大方，她最捨不得花錢的人，是自己。那些喜歡和捨不得，Eric 總是默默看在眼底，然後會找各種名義，幫她買了來，Emily 感謝他的用心，他們很珍惜彼此那份互相的心意。

不是只有 Eric 對她好，連 Eric 的爸媽都對她很好。他媽媽很會做菜，不只中餐，連西方糕點烘焙都很拿手，她經常托 Eric 拿做好的各種點心給 Emily，不只她有，連 Emily 的媽媽也會有一份。

有一次，Eric 帶 Emily 回家，那次剛好他媽媽不在家，隔天一早 Emily 要趕去上班，出門前 Eric 的爸爸叫住她，塞給她一份剛烤好的奶酥厚片，「帶著路上吃，早餐一定要吃喔！」他像一個父親那樣交代女兒，Emily 在車上打開那份厚片，伯父今

天休假，他應該可以多睡一會兒的，卻還特地早起為她做早餐，她咬了一口麵包，奶酥的香味撲鼻，明明那麼鬆軟、好吃，眼淚卻忍不住掉下來，她已經好久沒有感受到這種爸爸對女兒的愛了。

那年的除夕，Eric 的爸媽邀請 Emily 跟她媽媽一起到他們家吃年夜飯，她跟媽媽因為只有兩個人，所以往年的年夜飯總是從簡，他們已經很久沒有吃過那麼豐盛的年夜飯，已經很久沒有感受到那種過年一家子團圓熱鬧的感覺，她喜歡那種溫暖和支持。

在 Eric 的鼓勵下，發現自己有跟寵物溝通的能力的 Emily，開始利用工作之餘，進行進修，最後終於拿到了日本寵物按摩師執照，並且通過了寵物溝通考核檢定。

她不只在尋常的日子裡，身邊有他；在她不斷地朝向夢想努力的過程裡，身邊也始終有他。

她越來越確定，這就是她要的幸福，所以在交往的四年後，他們決定要結婚，都愛毛孩子的他們，將來不想生小孩，也不打算宴客，他們甚至連求婚儀式都沒有，那些對他們來說真的都不重要，他們只想帶著兩個孩子，一起藉由一趟旅行去完成拍攝婚紗的工作，那些愛的過程，才是這份幸福，最彌足珍貴的部分。

那個晚上當 Emily 在飯店卸完妝，換上居家服，正打算要

去洗澡的時候，卻突然看見 Eric 在她面前單膝下跪，「寶貝，今天我們一家都在，妳願意嫁給我嗎？」拿著戒指對她說，那是他們早就彼此知道的回答，那是他們早就彼此認定的愛，可是 Emily 還是哭得一把鼻涕、一把眼淚，「人家素顏耶！而且還穿睡衣，這樣很醜！」她邊讓他戴著戒指邊說。「不管怎樣的妳，都是妳，我都愛喔！」他說。

然後就留下了婚紗照系列裡，他們最喜歡的那一張，照片裡是他們一家四口緊緊相連的手，還有婚戒的照片。

這真是一個幸福的故事，對不對？於是我在簽書會上跟 Emily 約好了，再找個時間約喝咖啡，我還有許多故事的細節要問她，我想把這個故事寫出來。

「角子哥，妞妞最近又生病了，醫生說牠時間不多了，所以我跟 Eric 已經辦了留職停薪，我們現在在屏東，暫時不會回新竹……」Emily 發訊息跟我說。

她說發現十二歲的妞妞突然出現全身性血斑，而且口腔還大出血，他們緊急送牠去醫院，醫生說狀況很糟，因為牠的血小板數量是零，身體已經沒有凝血功能，所以無法做任何侵入性的檢查或治療。「可能是今天，可能是三天，至多也只能再撐一個月。」醫生說。

在離開醫院的時候，Emily 感覺到妞妞在告訴她，這次牠沒有辦法了！而且牠不想要爸爸媽媽為了醫藥費苦惱，也不要他們再為了照顧牠而辛苦了。

　　他們跟公司申請留職停薪，要用女兒最喜歡的旅行，陪牠走完最後的這一段路。他們離開城市與喧譁，到了充滿陽光與寧靜的小鎮恆春。每一天不管他們在做什麼，去市場買菜、去小超市買生活用品、去不同的草地散步，他們都會帶著女兒們，就連 Emily 每餐為牠們做鮮食的時候，兩個女兒也都會趴在旁邊看她。

　　一個星期後，她終於又感覺到妞妞對她說，牠願意再一起努力了！牠撒嬌的次數開始變得更頻繁，而且常常凝視著爸媽，很久很久……

　　這個故事後來的結尾好像不夠幸福；但也許這個故事的結局，才更像真的幸福。

　　她去過那個地方，嘗過不被珍惜的滋味，可是後來她也到達了幸福，所以她才明白了所有的危機可能都是轉機，所有的傷心，都可能是幸福的前身。

　　她見過繁華的虛偽，感受過世態炎涼，所以她才會了解，真

正的幸福，並不是一起吃甜，更重要的是，還能夠一起吃苦。

　　那就是真愛的甜，可以融進世間的苦，讓苦也可以回甘，在苦裡，也心甘情願。

　　這是一個勇敢的女孩，在愛裡又找到了更多的勇敢的故事；這是一個在愛裡，又繁衍出更多的愛的故事。

　　這些年，Emily 出現在我的簽書會上，從一個人到兩個人，到最後成為了四個緊緊相依的靈魂。

　　「角子哥，那就是⋯⋯」我還記得那個簽書會的下午，我沿著她手指的方向看過去⋯⋯

　　這就是他們幸福的「四口之家」。

照片提供｜沈彥伶 Emily

第 5 章

迎　接

你會用最好的自己
去迎接
最好的幸福

你會用最好的自己，
去迎接
最好的幸福

上天是愛你的。
它讓你離開了一個對你不好的人，
後來還讓你看見了，對方的不在意。

上天一直是跟你站在一起的。
它讓你跌倒，可是它同時也給你力量，
它最想讓你知道的是，
你後來可以靠自己走到這裡，
原來你真的值得更好的人。

你會盡一切努力，
這一路辛苦，你心悅誠服。
從前是為了別人，
現在你全部要為自己。

你會用最好的自己，去迎接最好的幸福。

你知道你是幸運的。
你一定會得到上天的祝福。
它都已經陪你走過痛苦，走過辛苦，
最後，一定也會陪你走到幸福。

讓自己幸福，
一直都是自己的責任

「角子，我知道他並不珍惜我，也知道彼此不適合，道理我都懂，但我就是離不開他，我不知道自己為什麼會這樣⋯⋯」他在來信裡疑惑地說。

你也曾經陷入這種「離不開」的困境嗎？明知道那份愛是有問題的，現在的痛苦也已經遠大於快樂，不是只有周遭心疼你的人不明白，連你自己都不懂，為什麼明知道對方是不珍惜自己的，卻還是寧可將就地留在這份感情裡？

我想先問你，你覺得「幸福」是如何發生的呢？

你的答案是這樣嗎？努力去「遇見」那個人，然後就得到幸福。 如果是這樣，那也就等於在遇見那個人之前，你都還是不幸福的；在遇見那個人之前，你的人生都是有殘缺的，必須擁有那個人，你的人生才是完整的。

於是，你才會那麼希望找到一個人，才會那麼希望對方真的就是那個人，你不是只有「希望」而已，你還竭盡一切「努力」去達成：努力付出、努力幫他找理由，當再也找不到理由的時候，就努力騙自己，這樣至少還是比單身好。你不想失去他，因為一旦失去他，你的人生就會又不完整；一旦失去他，你就又要回去過從前一個人不幸福的苦日子。

　　你寧可承受那份愛的痛苦，但是你不想承受一個人的辛苦，你忘記它們是如此不同，因為不被珍惜的傷心，是永遠還可以再更傷心；可是一個人的辛苦，卻絕對會越來越好。

　　你寧可繼續留在那份不幸福裡，因為你不相信離開他，還會有機會去「遇見」真的幸福。你把重點放在機率，事實是這個世界根本不存在那個機率，因為從來不會有別人，可以真的解決我們自己的人生的問題。

　　也許會在熱戀期，因為甜蜜的愛而讓我們看待萬事都沒那麼難，但等到步入常軌，我們該面對的問題其實也都還是一樣，得自己去處理；也許會因為對方的幫助與鼓勵，而暫時解決一些比較表面的問題，但是關於幸福，而且很可能答案是藏在我們成長的過程中的許多議題，還是得要自己親自去探尋。

　　也許是你太高估了「幸福」的可能，幸福不是無怨無悔、天

生就要為你付出的關係，幸福其實更像是一種「合夥」關係，是在我很好、你也很好的情況下的一種結合，是我自己一個人過得很好、而你也把自己照顧得很好的兩個人，要一起追尋「幸福」的合作。

所以在合夥之前，請你先把自己的人生打理好，做一個有資格跟別人合作的人，而不是帶著前債，要你的合夥人幫你解決，這個世界絕對不會有這樣的天使合夥人，那樣的組合，只會把你們的新事業拖垮。

也可能是你太低估了「幸福」的可能，幸福真的不用靠別人，你自己就可以給自己。幸福並不是「尋找」，而是「自我實現」。不是去找到一個人，然後期盼他會給我們幸福；而應該是自己一步一步地去探索、去做到，讓自己更強大的過程。

只有自己給自己的幸福，是別人拿不走的。只有自己能圓滿自己的，才是真正的完整。這世界最不牢靠的幸福，就是建構在別人的肩膀上的幸福。你無法期待一個人會永遠在你身旁，可是卻絕對可以做到永遠愛自己。

如果害怕的是寂寞，那就更努力跟自己的心對話，讓自己不再孤單。如果讓你虛弱的是自己的過去，那就努力讓現在的自己，成為照亮過去的自己的光。

這絕非輕易，但比起期望別人，卻更值得努力與期待。也只有自己對自己的期許，是真的可以有時間表的。

　　你會先離開不幸福，你知道那是你要為幸福做到最基本的事。你會先努力一個人幸福，將來如果遇見另一個不錯的人，再一起努力去經歷，兩個人不一樣的幸福。

　　也許會從此很享受一個人，也許後來是兩個人，當然也可能會再回到一個人，但不管是一個人、兩個人，你都會幸福，因為你知道，讓自己幸福，一直都是自己的責任。

世界是你的，
幸福也是

當傷心退潮，
你會順著沙灘走回去，
去看看當時那個迷途的自己。
你當時不懂的，現在已經逐漸明白。
世界不會只有一種可能，
你還有幸福的權利。

你終於走過來了。
你不再只是悲傷，
你是溫柔，你是勇敢，
你是這個世界最獨特的存在。

你不再屬於誰，
你現在是屬於自己。
你還有夢，而且會盡全力去爭取。

世界是你的，幸福也是。

你就是你的世界，

你那麼努力，當然值得最後的幸福。

讓大我牽著小我，
一起走在前往幸福的路上

　　「角子哥，我可以做哪些事情來抵抗負面的情緒呢？」我才剛結束我對抗負面情緒的練習，一回到書桌就看見這封讀者的訊息。

　　要對抗負面情緒，要先用正確的心態面對這兩個我們經常困擾自己的問題，第一個是「後悔」，「如果我當時不要那樣做，現在就不會這樣了！」如果你的內心一直重複地陷入這樣的循環，這不僅是苛責，更是不合邏輯的，因為在做決定的當下，一定都有當時認為對的理由，沒有人可以預知未來。

　　而生命最特別的是，我們此刻面對的「錯誤」，也許在日後看來，卻是後來轉折走向成功的契機，這絕非雞湯語，歷史上所有的成功，都是在一次次的失敗中調整，才成功的。

　　第二個經常困擾我們的情緒是「為什麼是我？」，我也曾經

在遭逢人生變故的時候陷入這樣的情緒，當我終於走過，我現在更懂得問自己：「為什麼不是我？」，如果這是每個人一生都會面對的問題，只是每個人會遇上的時間點不一樣，那我當然也不可能豁免，反而會慶幸，是發生在自己現在有能力面對的時候。

如果負面的情緒實在太強大，一定要先去看醫生，因為嚴重的身心疾患並不只是改變想法就可以復原，而是有些腦部功能的運作出現問題，一定要透過醫療行為才會好，就跟生病一定要看醫生的道理是一樣的。

我想分享的方法就像日常運動，並不是專業醫療，而是我平日強身健體、對抗負面情緒的「四個步驟」。

當我發現自己又陷入負面的情緒的時候，我的第一個步驟是先停止手上的事情，去做別的事情，那是最快轉換心境的方式。第二個步驟是開始調整呼吸，用幾個深呼吸，放鬆自己緊繃的肩頸肌肉。

第三個步驟是最重要的：就是召喚出我的「大我」，來跟我的「小我」對話。

小我，就是那些每個人都會有的情緒：憤怒、悲傷、寂寞、嫉妒、快樂、驕傲、羨慕……那些我們不用學，天生就會有

的情緒。

大我，就是知道什麼是我想成為的人、什麼是我想要的幸福、什麼才是我應該一直堅持跟努力的……這些我們隨著年歲逐漸修煉出來的中心思想，也就是所謂成為大人的過程。

不要刻意壓抑你的「小我」，因為它一定會存在。重點是我們有沒有持續地尋找並且鍛鍊我們的「大我」，當「小我」變成孫悟空那樣撒潑造次的時候，「大我」能不能適時地像如來佛那樣出現，提醒他什麼才是他應當持續的努力跟追求。

「小我」的存在是必要的，它會讓我們的生命更有滋味；而「大我」正是為了呼應「小我」的存在而生，它並非消滅，而是順勢利導，讓所有「小我」的情緒，成為「大我」的前身與能量。

我們經常無法阻止事情的發生，但我們可以賦予那些發生的意義。那些事情發生的當下的情緒，就是「小我」，而賦予那些意義的力量，就是「大我」。

於是我們當下便可以生氣，但不會事後還會越想越氣，持續影響後來的心情；於是我們也可以悲傷，但也會懂得在傷心裡看清幸福的方向，而不是一直耽溺；於是我們也可以在那些挫折裡失望，但真心相信，所以我們現在懊惱的「所以」，都會是日

後幸福的「因為」。

你不是因為做錯那些事情，「所以」才得到這個懲罰；你是「因為」走過了這個挫折，所以最後才終於走到了幸福。

這些年，我走過成功、也經歷過挫折，得到過、失去過，最終又在那些失去中，有了更多的體會與獲得。我的「小我」從來沒有變少，我的「大我」也越來越強大而堅定。

先放下手邊的事情、深呼吸、召喚心中的「大我」之神，這就是我的「正向三步驟」，而我剛剛才從一場散步回來，我帶著狗女兒妮妮，在公園裡看著深秋的楓香已經開始落葉，並不覺得可惜，因為我見過，那些葉子都會在春天用全新的、更強韌的姿態，與我重逢。

第四個步驟就是回到原先的工作，給自己泡一杯熱茶或咖啡，那就是你打從心底讚賞、感謝自己的方式。讓「大我」一直牽著「小我」的手，在前往幸福的路上。

於是我開始打字，寫下這篇文章，讓我們就從這裡開始，一起走向幸福。

走再遠，你也會跟
當時的自己保持聯絡

沒有人可以幫你下決定，
因為人生是自己的。
也只有自己知道，怎麼樣才是對自己最好的。

走再遠，你也會跟自己保持聯絡。
你有沒有忘記當時出發的夢想？
有沒有正在成為你想成為的那個人？

你知道什麼只是過程的風景，
什麼才是你真正的目標。
美好的曾經，可以懷念，卻不必再回頭。
真正的幸福，經常在前方，而不是回到過去。

那是你的幸福，你的夢想。
要自己做出決定，

努力的結果才會真的是自己的。

你聽過許多建議，
可是路最後一定是靠自己走出來的。
沒有白吃的苦，沒有白走的路。
你在這裡傷心，後來也會從這裡開始成長。
你在這裡耕耘，來日也一定會在他處收穫。

要知道前方有個人，
為了要給你幸福，而正在默默努力著

「角子，謝謝你的鼓勵，我真的遇見了我的男孩！」女孩在寫給我的訊息裡說。

兩年前，她還是一個傷心欲絕的女孩，因為遇見了一個最後以「我還沒有準備好」為理由離開的人，灰心喪志了一整年。後來，她在書店翻到了我的書，終於在生日那天她許下願望，一定要重新站起來，要找回從前那個快樂的自己。

約莫在同一時期，有個男孩也失去了他的愛情，他們並不認識，也無從查證他們是否曾經在這個城市的某個角落交錯而過……但可以肯定的是，他們都一樣在努力走過各自的傷心，都一樣在那場艱辛的路程裡，有了最寂寞、也最深刻的學會。

女孩說許願很容易，實現夢想比較難。多數的人把「實現」託付給運氣，可是她知道要實現幸福得先靠自己。她努力讓自

己過上跟從前不一樣的日子,她一個人去了許多地方,在那些一個人的路程裡,不只看見新的風景,也看見了許多從前;不只看清楚他,也終於看見了真正的自己。

至於那個男孩的傷心,因為他很少說,所以很少人知道,他只是有幾次忍不住偷偷掉下眼淚,因為他真的不懂,為什麼她要接受他的好,可是最後還是拒絕他,他沮喪,可是他沒有讓自己耽溺太久,他告訴自己:「我一定會遇見那個我愛她、她也愛我的女孩,我要讓她幸福!」男孩不是說說而已,他開始運動、努力工作,同時存健康跟財富的兩本存摺。

一年後,他們相遇了。在交往了一年多之後,男孩跟女孩求婚,於是女孩給我發了訊息跟他們的婚紗照。

「這個男孩,在我還不知道、還不認識他的時候,就已經規劃好有我的生活,有朝一日,要牽著我的手,邁向新的人生。」她在訊息裡寫著。

是的,那就是我們都曾經走過的「還不知道」的階段,我們經常在那個階段全力傷心,把注意力都集中在「結束」,而不知道對的契機才正要「開始」;把眼淚都拿來映射過去,而忘記它們經常也正在照亮著更好的未來。

「角子，我發這封訊息是想告訴所有正困在感情裡的男孩和女孩，其實困住自己的不是別人，而是自己。沒有人能傷害你，除非你自己傷害自己。」女孩在訊息的最後這麼說。

我把她寄來的訊息跟婚紗照轉發到社群平臺，那張在火炎山前拍的照片，兩個主角的臉被她加上了星星和愛心的後製，我看不見他們的臉，但我看見了他們緊緊相連的手勢。

「他總是樂觀面對人生，喜歡並接受我的一切，更重要的是會珍惜我的感情。」這是女孩對男孩的形容，這不是一句簡單的形容，這是走過、歷練過才會寫出的句子。

那裡面有辛苦和好不容易；有明白和珍惜；有驀然回首才恍然大悟的知曉，原來正是因為那些迂迴和曲折，才讓他們遇見了最好的彼此。

這場美好的相遇，與其說憑藉的是機緣，倒不如說是他們各自的努力，他們沒有停止前進，沒有停止變好，沒有讓那些挫折打倒，於是那些挫折才有機會到最後，成為了上天給他們的祝福。

那篇發文在短短幾個小時內就得到了超過六千個讚，還有數百個恭喜的留言，我知道那些都是大家最衷心的祝福，還有

彼此的鼓勵和相信：

要知道前方有個人，為了要給你幸福，而正在默默努力著。

照片提供｜ FiOnA 200629

他曾經是你的世界，
可是你現在的世界是自己的

沒有永遠筆直的路，
路是一段接著一段的。
你總是可以在這一段，
接住上一段的自己。

用溫柔，接住傷心。
用勇敢，接住自己的不再相信。
在每一次面對選擇的時候，
提醒自己曾經答應過自己的話。
你還有夢，而且會為自己盡力去爭取。

讓上一段路的曲折，
成為下一段路的勇氣。
讓每一段路的不負自己，
成為通往夢想的水到渠成。

他曾經是你的世界，
可是你現在的世界是自己的。

你不會坐著等，
幸福是自己走出來的。
只要你願意相信，幸福會在前方等你。
陰影跟光亮，都是世界的一部分。
你所能為幸福做到最好的事，就是出發。

Vol.7

你在這條路上會看見最美的風景，
就是變得越來越好的自己

小時候我們在書本、電視上看過的那些世界的風景，當我們後來真的親臨現場，看著那些著名的地標就聳立在面前，我們在心底驚嘆著：「原來這就是 XXX 啊！到現場看，又是完全不一樣的感覺。」

曾經讓你有過類似的感覺的，應該還有「愛情」吧！

「愛情」也是得等到親自遇上了，才發現跟書本、電視上所見過的，還是不一樣。它們最不一樣的感覺是「傷心」，那是當你像劇中人一樣哭得一把鼻涕、一把眼淚的時候，才發現原來傷心不是只有你看見的那樣，還有那種絕望得無法呼吸、心痛到心臟好像破了一個洞的感覺。

你無法呼吸，是因為無以為繼，如果連一個曾經對你那麼好的人，最後也可以像一個路人那樣離開，那你還要怎麼繼續

相信這個世界?!心臟會破一個洞,是因為逐漸意識到,那個你捨不得的人、那份你還有期待的感情,已經真的成為生命旅程中永遠的失去。

你等過,甚至給過那場等待一個時限。後來,你才明白,我們在那場等待裡,等到的從來都不是那個會捨不得的人,而是後來終於看清楚的自己。他真的沒有捨不得,沒有任何後悔。看清楚很傷,可是看清楚也會讓我們長大,原來心理的長大,多數不是出於自願的。要跌倒,才能真的學會站起來;要哭著走過黑路,才會相信,我真的可以不怕黑。

幸福跟成長一樣,都是需要付出代價的。我們因為想親眼看見那些世界的風景,所以才真的走出去,看見了更大的世界;我們因為渴望幸福,所以才有了那些勇敢與嘗試,才有後來的那些挫折和學會。

那就是我們此後越來越豐富的人生,後來,你又去了那麼多地方,你終於見到巴黎鐵塔,走過倫敦大橋、比薩斜塔、萬里長城、第五大道……那些陸續累積的地標,你終於明白親眼所見和書本上看過如此不同的原因,是因為有那些走到的「過程」。

而那些過程,也絕非盡數美好,它們有時是快樂與藍天,

有時也會是傷心與風雨，但你知道那都只是當下暫時的定義，最後都會一起融合成那段旅程裡最獨特的記憶。

　　你迷過路，曾經在旅途的挫折裡沮喪與迷惘，但你已經知道，你絕對不會一直困在這裡，只要再堅持一下，前方的路就可能會不一樣；你認錯過人，從前你認為只要有愛就可以克服一切，現在你已經明白，不能跟你一起走的，就不會是你人生真正的伴。

　　你知道每個人都有他自己的一生，都有他不一樣的路程。從前你只是隨緣，現在你更清楚這是責任。這是你為自己特製的旅程，這是你絕對不會辜負自己的一生。

　　世界很大，景色還很多，你還有好多的可能。你不知道通往幸福的旅程還有多長？但不論長短，你都會好好享受這段過程，因為你知道這都是幸福的一部分。

　　你還會經歷一些人和事，還會看見好多不一樣的景色，你期待那些旅程，期待在路程中勇敢前進的自己，你在這條路上會看見最美的風景，就是變得越來越好的自己。

當你開始愛自己，
世界就會開始愛你

你已經可以平靜地跟自己相處，
開始聽見自己內心的聲音。
你有時候會覺得對自己抱歉，
有時候也會感謝現在勇敢的自己。

終於你的每一步，都是自己的了。
從前那些走過的，都會化成經歷與學會，
比起遺憾，你更期待遠方的風景。
你還有前方，還有無限的可能。

世界不會總有方向，有時候考驗會很複雜。
當一個人不知道該往哪裡走的時候，
就往愛自己的方向走。

當你開始愛自己，世界就會開始愛你。

最 美 的 月 亮

「角子,你看過菜市場裡裝螃蟹的水桶嗎?裡面的螃蟹拚命地想爬出來,要逃出那個桶子,你知道那有多困難嗎?!我從小生長的環境就是那樣的。」我還記得,這是四年前我跟小螃蟹見面時,她描述自己的第一句話。

後來,《小螃蟹的旅程》出現在我的第五本書裡,那是一隻命運悲慘得讓人印象深刻的小螃蟹,奮發向上的故事。

她出生在一個貧苦的家庭,爸爸愛賭博,散盡家財,媽媽又一直要她們姊妹去酒店上班,她不肯,求媽媽讓她去工廠做工。她在工廠認識了老闆娘的弟弟,她還記得那天她哭著跑回家,她不知道該怎麼辦,因為她懷孕了。

「妳自己做的事情自己想辦法。」那是媽媽給她的回答。後來,她跟老闆娘的弟弟結婚了,生下了一個女兒。

那年，她才十五歲而已。

二十五歲那年，她終於離婚，對她不好的老公最後給她的一句話是：「妳要記得，妳是一雙沒有人會想再穿的破鞋！」

沒有家可以回的小螃蟹，從此展開了新的旅程，她去工廠做工，她遇見的老闆都對她很好，在一開始沒錢租房子的時候，讓她晚上打地舖睡在公司的倉庫；她半工半讀，努力繼續在結婚後，就被丈夫要求中斷的學業。她認真負責，一路從基層作業員，晉升到科技公司的主管；她犧牲睡眠時間，從高中補校最後念到研究所畢業。

小螃蟹唯一不順利的是「愛情」，她如此渴望愛，在後來將近二十年的時光裡，談了四段感情，她不是所遇非人而已，她還經歷過為對方背上百萬債務、遇上同時跟多人交往的渣男，她在最絕望的時候，甚至想過要結束自己的生命。

後來，她開始看心理醫生，決定以一場前進阿拉斯加的極光之旅，做為新生命的開始。

她在零下十幾度的氣溫裡，連續等了三個晚上，終於極光出現了！她顫抖著按下從臺灣扛去的相機快門，「喀嚓！」她的眼淚跟著快門的聲音一起掉下來，那年，她四十五歲，那也是她重

生的第一歲，她說她終於學會「愛自己」。

「親愛的角子，我開始帶自己踏上新的生命旅程，今天是二〇二〇年的二月四日，是我重生後的兩歲生日，我真的如願到了奧地利的哈爾施塔特，在這個被稱為『世界最美小鎮』的地方，祝自己生日快樂，也跟你分享我的喜悅。」這段話出現在我的第七本書中的〈中點〉一文裡。

那是小螃蟹在兩年後跟我的再一次重聚，我在咖啡廳裡，開心地聽著她分享，從拍下極光的那一刻起，她發現自己竟然迷上攝影，從此開啟了她的另一趟鑽研攝影的旅程。

她沒有無法再愛，只是後來她會更優先愛自己；她沒有不相信幸福，只是她更相信自己就可以給自己的幸福。

在那個美好的下午，我喜悅著她的成長，驕傲著她的勇敢，我們已經變成一個也許遙遠、卻心靈相通的老朋友，因為從前是我溫暖她，可是後來是她給我溫暖。

當我收到那張來自哈爾施塔特的照片時，我正在醫院的病榻旁，陪伴媽媽走過她生命的最後一程，那是我印象裡最冷的冬天，那張照片裡的小鎮燈火輝煌，那麼寧靜而溫暖，瞬間給了我一種堅定的力量。

這些年，我總是偶爾會收到她寄給我的作品和分享，我知道小螃蟹一直在勇敢走出她自己的路，一直沒有停止在創造屬於自己的幸福。

「角子，還記得我跟你提過的那個比利時人嗎？我們結婚了！給我地址好嗎？我要寄喜餅給你，跟你分享我的喜悅。」

這是我最想收到的喜餅。

這是這四年來，小螃蟹第三次出現在我的書裡。

「角子，我真的沒有想到會再談戀愛，我都已經開始在做將來一個人老後的生活規劃了。」她說。

她跟 Mihai 是在臉書的國外攝影社團認識的，他們認識彼此的方式，是從對方的作品。小螃蟹喜歡他拍野生動物的細膩與專注，不是只有單方的欣賞，Mihai 也發現了小螃蟹的作品，他很喜歡她作品裡的熱情——有一天 Mihai 在她的作品下方留言這麼說。

他們的成長背景很像，都來自無法提供資源的原生家庭，都一樣從很年輕時就開始自力更生，他們的收入也差不多，都是認真工作的上班族，他們最相像的，是在感情上都曾經受過傷，也

都選擇讓自己先沉澱一段時間，她單身六年，他單身三年。

在接下來的一年多裡，他們從欣賞彼此的作品到開始聊天，從剛開始聊攝影到開始分享價值觀跟心情。

Mihai 是一個收入不錯的資深電工技師，也是一個生態攝影師，工作之餘會到處去拍照，他最喜歡拍的是月亮和野生動物；小螃蟹是科技產業的主管，攝影也是她閒暇時全心投入的興趣。她從沒想過，會再遇見一個人，不是只有彼此喜歡，而且還如此合拍。

在感情路上，她遇過許多明明說著相同語言，卻彼此不了解的人；這是她第一次遇見一個即便跟她使用著不同母語，卻心靈相通的對象。

在相隔一萬公里，六個小時的時差裡，要長年維持一份感情，更需要彼此的用心，他們都是公司裡的重要幹部，工作都很忙，如果還要保持一份感情的溫度，就一定是彼此都要犧牲跟付出。

Mihai 為了跟她視訊，經常都要把工作先安排好；小螃蟹更慘，每天都要忙到半夜下班的她，更是經常睡眠不足。可是他們沒有怨悔，只有高興，那就是愛的熱情。他們隔著視訊鏡頭，分享了許多心情，也一起度過了許多節日。

終於疫情趨緩，小螃蟹安排了一次飛到歐洲的長假，Mihai從比利時開了三個小時的車到巴黎機場接她回家，小螃蟹特地從臺灣帶了大鏡頭，因為他說要帶她去拍海豹和貓頭鷹，他們沿著比利時到荷蘭的海岸線，找了三天都沒有發現海豹的蹤影，可是小螃蟹發現了他的沉穩和耐心，那是她在從前的感情裡，不曾見過對方所擁有的特質，終於第四天他們在法國海岸見到了海豹，小螃蟹高興得跳起來，像一個小女孩；他們拍攝貓頭鷹的過程就比較順利，他們在比利時的森林裡，很快就發現一隻貓頭鷹，他們唯一要做的就是「等」，等一直在睡覺的貓頭鷹把眼睛睜開，在等待的時光裡，她像一個世故練達的女人那樣突然想起，自己單身這六年來，也曾經遇過一些人，但她都沒有讓它們發生，因為她知道那些人也許會帶給她快樂，卻不可能會讓她幸福。

　　可是 Mihai 不一樣！在他面前，她可以又是女孩、又是女人，那是他對她的欣賞與寵愛，她從沒想過在萬水千山之外，竟然有一把鑰匙，可以把他們各自關上已久的心房，一起打開。

　　二月四日的晚上，那是小螃蟹重生第五年的生日，Mihai 帶著她去巴黎鐵塔，他們在鐵塔下拍了一張合照，那是她第一次在生日的時候，再也不是一個人。

　　小螃蟹回到臺灣後沒多久，換成 Mihai 到臺灣來，他們說好要看看彼此生長的地方。她帶他去太平山，早出晚歸地拍照拍

了好幾天，Mihai 很喜歡臺灣，在一個島上就擁有各種生態與物種，難怪在攝影界有「攝影天堂」的美譽。

他們很快就形成共識，婚後一定要住在一起。

小螃蟹不喜歡比利時的寒冷還有冷漠，她搬去那裡能做的工作也很有限；Mihai 喜歡臺灣，除了可以在這裡拍一些作品，會說英文、法文、羅馬尼亞文三種語言的他，也想成為歐美攝影團的領隊，接待來臺灣拍照的歐美人士，所以最後決定是 Mihai 搬到臺灣來。

天知道那需要下多大的決心！他在比利時有一間自己的房子、一份很穩定的工作，當他跟老闆、朋友們說要搬來臺灣的時候，大家都勸他不要，千萬不要搬到一個語言不通的國家，最可怕的是還可能會發生戰爭！

直到現在，Mihai 的比利時老闆都還保留著他的櫃子，在等他回去。小螃蟹看著意志堅定的 Mihai，就好像看見了當年的自己，他們都一樣勇敢，願意為了夢想而重新開始。

父親節那天，小螃蟹帶著他回家跟家人吃飯，Mihai 知道她的故事，他默默地看著她，就算原生家庭並不曾善待她，但她還是努力地成為一個女兒，在回家的路上，Mihai 突然跟她說：「我

覺得妳是一個很善良的人」，那種被理解的感覺，真的很溫暖。

婚後沒多久，小螃蟹工作的公司部門就因為任務調整而人力不足，所以她一個人要負責三個人的工作量，她每天一大早就出門，經常都直到午夜才回家。從前她得自己打開客廳的燈，可是現在會有一個人、一盞燈在等著她，她知道那就是「家」的感覺。

家，這個好常見，對她來說卻感覺這麼陌生的字，她小時候沒有感受到，在第一次婚姻裡也不曾擁有過，她以為那就是她一生的缺憾，卻沒有想到在四十九歲這一年，終於感受到了！

「終於要從角子這裡畢業了！角子，四十九歲這年，內心很平靜，生活很平淡，但是很幸福。」小螃蟹在發給我的訊息裡說。

二〇二三年九月二十九日的超級月亮被稱為「豐收月」（Harvest Moon），是十年來中秋節月亮最圓的一次！他們在月亮下緊緊相依，她突然想起四年前蒐錄了〈小螃蟹的旅程〉的那本書《你不是失敗，你是值得更好的》的封面，封面是女生，封底是男生，兩個在同一個時刻仰望月亮的傷心人，攤開封面才發現，原來這個世界上真的有兩顆痴心，在等待相遇。

她從前懷疑過，但是她現在真的相信了。

「謝謝角子一路見證了我的成長，也祝福每個角子的讀者，當你下定決心，找到最棒的自己，就已經在往幸福的方向前進。你怎麼愛自己，別人就會怎麼愛你，要相信自己就是獨一無二的存在，這個世界上真的有人會愛這樣的你，最真實的你。」她在訊息的最後這麼說。

她是小螃蟹，這是一趟我們以為不可能，但後來真的成真的旅程。這是一趟長達一萬公里的路程，因為她相信，因為她絕不放棄，所以終於到達了幸福。

這是一個十年來最大的月亮，他們在月光下牽著手，然後Mihai 按下快門，拍出了這張照片，這是小螃蟹這輩子見過的，最美的月亮。

照片提供｜MiHAi

我，愛，你

我們

幸福見

國家圖書館出版品預行編目資料

你會用最好的自己，去迎接最好的幸福 / 角子
著.-- 初版.-- 臺北市：平裝本. 2024.1 面；公
分（平裝本叢書；第 556 種）（角子作品集；9）
ISBN 978-626-97657-5-1（平裝）

1.CST: 戀愛 2.CST: 生活指導

544.37   112020782

平裝本叢書第 556 種

角子作品集 09

你會用最好的自己，
去迎接最好的幸福

作　　　者—角　子
發 行 人—平　雲
出 版 發 行—平裝本出版有限公司
　　　　　　　台北市敦化北路 120 巷 50 號
　　　　　　　電話◎ 02-2716-8888
　　　　　　　郵撥帳號◎ 18999606 號
　　　　　　　皇冠出版社（香港）有限公司
　　　　　　　香港銅鑼灣道 180 號百樂商業中心
　　　　　　　19 字樓 1903 室
　　　　　　　電話◎ 2529-1778　傳真◎ 2527-0904
總 編 輯—許婷婷
責 任 編 輯—陳思宇
美 術 設 計—今　刃
行 銷 企 劃—薛晴方
著作完成日期— 2023 年 10 月
初版一刷日期— 2024 年 01 月
初版九刷日期— 2024 年 08 月
法律顧問—王惠光律師
有著作權・翻印必究
如有破損或裝訂錯誤，請寄回本社更換
讀者服務傳真專線◎ 02-27150507
電腦編號◎ 583009
ISBN ◎ 978-626-97657-5-1
Printed in Taiwan
本書定價◎新台幣 420 元 / 港幣 140 元

●皇冠讀樂網：www.crown.com.tw
●皇冠Facebook：www.facebook.com/crownbook
●皇冠Instagram：www.instagram.com/crownbook1954
●皇冠蝦皮商城：shopee.tw/crown_tw